丛书主编

王大明　刘　兵　李　斌

编委会成员

（按姓氏音序排列）

陈印政　柯遵科　李　斌

李思琪　刘　兵　刘思扬

曲德腾　施光玮　孙丽伟

万兆元　王　静　王大明

吴培熠　杨　枭　杨可鑫

云　霞　张桂枝　张前进

演化、机理与心智

生命科学的探索者

陈印政 编

中原出版传媒集团
中原传媒股份公司

大象出版社
·郑州·

图书在版编目(CIP)数据

演化、机理与心智:生命科学的探索者/陈印政编.—郑州:大象出版社,2024.2
(中外科学家传记丛书/王大明,刘兵,李斌主编)
ISBN 978-7-5711-1915-7

Ⅰ.①演… Ⅱ.①陈… Ⅲ.①生命科学-科学家-列传-世界 Ⅳ.①K816.1

中国国家版本馆CIP数据核字(2023)第214508号

中外科学家传记丛书

演化、机理与心智 生命科学的探索者

YANHUA、JILI YU XINZHI SHENGMING KEXUE DE TANSUOZHE

陈印政 编

出 版 人	汪林中
项目策划	李光洁
项目统筹	成 艳 董翠华
责任编辑	吴韶明
责任校对	安德华
装帧设计	王莉娟

出版发行	大象出版社(郑州市郑东新区祥盛街27号 邮政编码450016)
	发行科 0371-63863551 总编室 0371-65597936
网　　址	www.daxiang.cn
印　　刷	河南瑞之光印刷股份有限公司
经　　销	各地新华书店经销
开　　本	890 mm×1240 mm 1/32
印　　张	5.5
字　　数	118千字
版　　次	2024年2月第1版 2024年2月第1次印刷
定　　价	22.00元

若发现印、装质量问题,影响阅读,请与承印厂联系调换。
印厂地址　武陟县产业集聚区东区(詹店镇)泰安路与昌平路交叉口
邮政编码　454950　　　　　　电话　0371-63956290

总　序

马克思和恩格斯合写于19世纪40年代的《共产党宣言》中，曾有这样一段生动的描述："自然力的征服，机器的采用，化学在工业和农业中的应用，轮船的行驶，铁路的通行，电报的使用，整个整个大陆的开垦，河川的通航，仿佛用法术从地下呼唤出来的大量人口——过去哪一个世纪料想到在社会劳动里蕴藏有这样的生产力呢？"马克思和恩格斯说的那一切，还不过是19世纪的景况。到了21世纪的今天，随着核能、电子、生物、信息、人工智能等各种前人闻所未闻的科学技术的飞速发展，人类社会面貌进一步发生了翻天覆地的甚至马克思那个年代都无法想象的巨变。造成所有这一切改变的最根本原因，毫无疑问，就是科学技术。而几百年来，推动科学技术发展的直接力量，就是一大批科学家和技术专家。

中国是这几百年来世界科学技术革命和现代化的后知后觉者，从16世纪末期最初接触近代自然科学又浅尝辄止，到19世纪中期晚清时代坚船利炮威胁下的西学东渐，再到20世纪初期对"德先生"和"赛先生"的热切呼唤，经过几百年的尝试，特别是近几十年的努力，已逐渐赶上世界发展的潮流，甚至最近还有后来者居上的势头。例如，中国目前不但在经济总量上居于世界第二的地位，而且在科学研究的多个前沿领域也已经名列国际前茅。最可贵的是，中国已经形成了一支人数众多、质量上乘的科研队伍。

利用科学技术来推动社会经济的发展，中国已经尝到了巨大甜头，科学技术是第一生产力的观点深入人心。从政府到民间，大家普遍关心如何进一步落实科教兴国战略、推动创新促进发展，使中国在科技创新方面更具竞争优势，培养和造就出更多的科技创新人才，使中国在现代化道路上能走得更长远、更健康。

为实现上述目标，一方面需要提高专业科学研究队伍的水平，发扬理性思考、刻苦钻研、求真求实、勇于创新的科学精神；另一方面也需要增强和培育整个社会的公众科学素养，造就学科学、爱科学，支持创新、尊重人才的文化氛围。这套"中外科学家传记丛书"的编辑和出版，就是出于这样的考虑。

通过阅读和学习科学家传记，一是可以更深刻地理解科学家们特别是那些在重大历史转折关头做出了伟大贡献的科学家的科学思想和创新方法，二是可以更鲜活地了解到科学家们的科学精神和品格作风，三是可以从科学家们的各种成长经历中得到启发。

本丛书所收录的200多位中外著名科学家（个别其他学者）的传记，全部都来自中国科学院1979年创刊的《自然辩证法通讯》杂志。该杂志从创刊伊始就设立了一个科学家人物评传的固定栏目，迄今已逾四十年，先后刊登了200多篇古今中外科学家的传记，其中包括文艺复兴时期的欧洲科学家、远渡重洋将最初的西方近代科学知识带到中国的欧洲传教士，当然大部分都是现代科学家，例如数学领域的希尔伯特、哈代、陈省身、吴文俊等，物理学领域的玻尔、普朗克、薛定谔、海森伯、钱三强、束星北、王淦昌等，以及天文学、地学、生物学、计算机科学和若干工程领域的科学家。值得指出的是，这些传记文章的作者，大都是在相关领域学有专长的专家学者。例如：写过多篇数学家传记的胡作玄先生，是中国科学院原系统科学研究所的研究员；写过多篇物理学家传记的戈革先生，是中国石油大学的物理学教授；此外还有北京大学、清华大学、上海交通大学、中国科技大学等多所国内著名大学的教授，以及中国科学院、中国医学科学院和中国科技协会等研究机构的专家。所以，这些传记文章从专业和普及两个角度看，其数量之多、涉及领域之广、内容质量之上乘、可读性之强，在国内的中外科学家群体传记中都可以说是无出其右者。

考虑到读者对象的广泛性，本丛书对原刊物传记文章进行了重新整理编辑，主要集中在如下几个方面：一是在总体设计上，丛书共分30册，每册收录8篇人物传记；二是基本按照学科领域来划分各个分册；三是每分册中的人物大致参考历史顺序或学术地位来编排；四是为照顾阅读的连续性，将原刊物文章中的所有参考资料一律转移到每分册的最后，并增加人名对照表。

当前，中国正处在从制造大国向创造大国转变、急需更多科技创新和科技人才的重要历史时刻，希望本丛书的出版对于实现这个伟大目标有所裨益，也希望对广大青少年和其他读者的学习生活有所帮助。

目 录

001
德弗里斯　生物突变论的创立者

023
埃尔利希　化学疗法的先驱

043
茨维特　色谱技术的创始人

057
埃弗里　约克大道的奇才

075
罗莎琳·萨斯曼·耶洛　放射免疫测定发明人

093
梅里菲尔德　固相肽类合成的发明者

111
奈塞尔　认知心理学的伟大开拓者

133
瓦雷拉 心智科学时代的赫耳墨斯

153
参考资料

158
人名对照表

德弗里斯

生物突变论的创立者

雨果·德弗里斯

(Hugo de Vries, 1848—1935)

曾经有人说过，雨果·德弗里斯是继达尔文、孟德尔之后又一位对生物学做出重大贡献的生物学家。他在科学园地辛勤耕耘60多年，创立了生物突变论，第一个重新发现了孟德尔遗传定律，在植物生理学上提出了细胞渗透理论，为生物科学的发展建立了不朽的业绩。现在，无论是在生物学教科书上还是在科学史著作里，德弗里斯的名字被人反复提及，他的理论被人广泛应用或评论。所有这些都使得德弗里斯堪称一位值得纪念的生物学家。

一、名门子弟

1848年2月16日，德弗里斯出生于荷兰北方的一座小城哈勒姆。在19世纪的荷兰，德弗里斯家族政治上显赫，经济上富有，文化上闻名，可谓名门望族。德弗里斯的祖父亚伯拉罕是虔诚的基督教徒、欧洲印刷史上的著名专家。叔父马蒂亚斯在莱顿大学执教，是荷兰新文学的先驱。父亲赫里特也是荷兰著名文学家、法学博士。他不仅具有很高的文学素养和渊博的法学知识，而且还表现出卓越的政治才能。他先后担任过地方省府议员、帝国国会议员，还曾出任帝国内阁司法部长。德弗里斯的母亲玛利亚·刘芬斯是一位大家闺秀，也是德弗里斯的启蒙老师。

受家庭影响，德弗里斯自幼就受到了良好的教育。他很小的时候就被送到哈勒姆一家颇有名望的教会学校读书。他天资聪颖，勤奋好学，学习成绩一直在班上名列前茅。毕业后，他以优异成绩考入大学预科学校。德弗里斯出身书香门第，按照他父亲赫里特的愿望，是想把他培养成文学家或者法学家。但年少的德弗里斯却对生物学有着浓厚的兴趣。赫里特没有强迫德弗里斯服从自己的意愿，而是支持了儿子的选择。德弗里斯后来成为一名名垂后世的大生物学家，是与他父亲的教育与支持分不开的。在中学时代，德弗里斯热爱大自然，对植物学有着浓厚的兴趣，尤其注重搜集植物标本，表现出了罕见的生物学天赋。14岁那年，他利用暑假徒步漫游了荷兰各地的山川，搜集到许许多多五颜六色、千姿百态的植物标本。有时候，他为了获得一个标本，跋山涉水，往返几十里路程，有时甚至风餐露宿。家人为他担惊受怕，而德弗里斯却为得到一个新标本而沉浸在喜悦之中。到19世纪60年代末，德弗里斯几乎搜集齐了荷兰国内显花植物标本，小小年纪就成了远近驰名的植物标本大收藏家。毫无疑问，这些植物标本对于荷兰植物学研究具有极大的科学价值。

1862年，德弗里斯的父亲赫里特当选为国会议员后，举家迁居海牙。德弗里斯自幼接受严格的宗教教育，由于海牙没有新教团体，每到周末他都返回莱顿做礼拜。这种生活一直延续到德弗里斯考入大学才告结束。

二、初涉科坛

在生物学史上，德弗里斯是绝无仅有的在青少年时代就涉猎科学研究领域的生物学家。他在大学预科学校时就因广泛搜集植物标本而享有盛名,因而受到荷兰著名植物学家萨林格的赏识,他特意聘请德弗里斯到荷兰植物学会标本室做植物分类工作,那年德弗里斯16岁。从此,德弗里斯与植物学结下了不解之缘,开始了他所喜爱的植物学研究。

1866年,德弗里斯考入莱顿大学,攻读植物学。其实,这个时候的德弗里斯已经成为名副其实的荷兰植物志专家了。在大学里,他如鱼得水,在知识的海洋里遨游。他刻苦攻读了达尔文的《物种起源》和朱里斯·冯·萨克斯的《植物学教程》等名著。特别是萨克斯的著作是专论植物生理学的,它给德弗里斯留下了深刻的印象。正是这部著作引导他走上了研究植物生理学的道路。德弗里斯的大学毕业论文就是有关植物生理学的,这篇题为《论温度对植物生长现象的影响》的论文使他荣获优秀毕业论文金质奖。几年后,他又以此文获得了博士学位。

1870年,德弗里斯大学毕业。这年仲秋,他只身来到海德堡,师从植物学家霍夫迈斯特。第二年夏天,他慕名前往沃兹堡,进入欧洲著名学者、植物生理学奠基人萨克斯的实验室工作。萨克斯是德弗里斯最为崇拜的科学家,到他身旁工作,是德弗里斯所梦寐以求的,现在终于梦想成真。德弗里斯头脑灵活,思维敏捷,又勤于操作,很快就成为萨克斯的得力助手,萨克斯把他视为自己最得意的门生之一。他们师生合作十分密切,友谊与日俱增。后来德弗里斯应聘离开沃兹堡,前往阿姆斯特丹一所中学执教博物学,但每到假期,德弗里斯都会回到萨克斯的实验室工作,而不是回家与父母团聚或外出旅游。对德弗里斯来说，在中学执教并非难事，但却没有空余时间从事他所喜爱的植物学研究，他感到很苦恼。萨克斯对德弗里斯的境况及前途表示了极大的关注。他认定德弗里斯是一位很有培养前途的青年。于是，1873年，萨克斯便极力保荐德弗里斯到普鲁士农业部供职。在这里，德弗里斯一边工作，一边开始撰写有关农作物生长发育的论文。他先后完成了19篇有关红三叶草、马铃薯和甜菜的系列研究论文，分期发表在普鲁士《农业年鉴》上。德弗里斯开始在科坛崭露锋芒。在此期间，德弗里斯还对植物细胞的渗透作用进行了初步研究，为他日后在这个领域有所建树打下了基础。

在19世纪的欧洲，大学教师是一个令人向往的神圣职业。要成为一名大学教师，必须通过由知名专家教授组成评委会的论文答辩，取得任职资格。1877年，德弗里斯以一篇关于细胞发育的论文顺利通过了论文答辩，成为哈雷大学植物生理学讲师。他由此成为植物生理学在荷兰的开拓者。三年后，他应聘前往阿姆斯特丹大学任教。其时，德弗里斯已过而立之年，正是施展抱负、大展宏图的极佳年龄。他在认真教学之余勤于笔耕，不但教学质量上乘，还取得了丰硕的科研成果，赢得了全校师生的肯定。1881年33岁生日那天，德弗里斯晋升为教授。此后，德弗里斯便开始了他的植物生理学和遗传学研究，并取得重大研究成果，一举成为遐迩闻名的生物学家。

三、植物生理学研究

在德弗里斯的科学生涯中，他的研究领域十分广泛，从植物学到细胞学，从进化论到遗传学，他都有涉猎。在1871—1875年间，德弗里斯主要是研究植物生理学问题。他有着扎实的植物学功底、科学的思维方法和娴熟的实验技巧，因而在植物生理学研究中硕果累累。德弗里斯尚在莱顿大学读书时，他就研究了植物生长与向性问题。他通过观察研究发现，植物的生长运动除前人已发现的"向阳性"和"向地性"之外，还有"向上性"与"向下性"运动。德弗里斯认为，植物的这四种特性都是有益于生长发育的。运用这四种特性，人们就足以解释植物的生长与运动方式。1872年，德弗里斯又研究了攀缘植物枝头转动的机制。他首次在植物生理学上明确提出，攀缘植物的嫩枝转头不是应答性的，而是由与植株同步生长的环带嫩枝引起的。达尔文极为欣赏德弗里斯的这一工作。他在《攀缘植物》一文中引用了这一研究成果，并给予较高的评价。大学毕业后在霍夫迈斯特的实验室工作时，德弗里斯还研究了植物细胞质体在进入适当浓度盐溶液时产生的收缩现象。他想通过这项研究来确定一个生长的植物有机体的细胞壁的增长，有多少是细胞生长的结果，有多少是由细胞液膨压引起的细胞壁扩张的结果。德弗里斯由此发现，植物的生长主要是由膨压引起的细胞壁扩张的结果。

德弗里斯最早是以植物细胞学研究而享有盛名的。他对植物生理学的最大贡献是采用质壁分离方法比较了各种植物有机体细胞的渗透压，由此证明压力的大小同细胞液和细胞壁的弹性有关，从而提出了著名的细胞渗透理论。在早期实验中，德弗里斯发现，如果某种植物细胞持续浸泡在浓度较大的盐溶液中，那么细胞会随即缩小，然后细胞质体开始收缩，并与细胞壁分离开来，直到在细胞里形成一个小球体。德弗里斯把这个过程叫作"质壁分离"。后来，德弗里斯在实验中还发现，如果将植株细胞浸泡在浓度很大的盐溶液中，细胞开始收缩时正好发生质壁分离现象。在细胞收缩时，溶液渗透压正好与细胞的渗透压相等。德弗里斯用"等压"概念来描述这种现象。他还确定了每种化合物都有自己的等压系数。中性有机化合物和有机酸的等压系数为2，带有1个碱原子的盐的等压系数为3，带有2个碱原子的盐的等压系数为4；带有1个碱金属原子的氧化物的等压系数为2，带有2个碱金属原子的氧化物的等压系数为4；其余类推。这就是德弗里斯总结概括出来的等压系数定律。运用这个定律，他可以确定细胞中每种细胞液对渗透所起作用的比例大小。后来，物理学家范特霍夫在德弗里斯工作的基础上建立了稀释溶液的离解定律，成为早期物理化学的一个重要成果。运用等压系数定律，德弗里斯解决了当时一些悬而未决的科学难题。例如，棉籽糖的分子量长期无法确定，在荷兰皇家学会专门为此召开的会议上，德弗里斯运用这个规律在很短时间内就计算出了它的分子量，在学会内产生了很大的反响。

四、细胞内泛生论

到19世纪80年代，德弗里斯的植物生理学研究在荷兰如日中天，如果继续进行这方面的研究，可望取得更大成果。可是，到80年代末，谁也料想不到他会突然放弃长达十几年的植物生理学实验，而转向植物的遗传与变异的研究。人们推测，德弗里斯在科学研究方向上做如此重大转折，一方面可能是由于看到达尔文进化论受到挑战，处于进退维谷状态（详见后文）；另一方面可能是面对当时关于生物遗传理论的异常混乱状况，而想另辟蹊径。那个时候，尽管奥地利神父孟德尔已经提出遗传因子概念作为生物遗传的基本单位，并以此阐述了生物遗传的两个基本规律，但这个天才发现却被瑞士植物学家耐格里扼杀于摇篮之中。因此，到19世纪下半叶，对生物遗传的奥秘，人们仍不知晓。当时的生物学家对生物的遗传与变异的解释存在着各种不同的观点，其中主要有达尔文"暂定的泛生说"（1868）、高尔顿的"血统论"（1875）、魏斯曼的"种质说"（1882）、耐格里的"异胞质"说（1884）等等。这些理论归纳起来可以分成两类：一类是以魏斯曼的"遗子"为代表，主张每个遗传单位具有物种的全部性状；另一类是以达尔文的"胚芽"为代表，认为每个遗传单位具有一个细胞的全部特征。德弗里斯认真研讨了上述所有理论，并做出了批判性的评述。他认为，达尔文等人的理论都没有清楚地分辨出生物世代之间性状传递和基因分化的区别，也没有将遗传单位与物种性质加以区分。

1889年，德弗里斯在自己多年细胞学研究的基础上，发表了他的第一部遗传学专著《细胞内泛生论》，明确提出了他的不同于前人的生物遗传理论。他认为，生物的每一个外部性状都是由细胞内一种看不见的特殊颗粒决定的，德弗里斯把这种颗粒称为"泛生子

（Pangene）"。他指出，泛生子是遗传学必须研究的对象，"恰如物理学和化学要回到分子和原子水平一样，生物学必须引进这些单位，为的是通过了解它们的组成来解释生命现象"。按照德弗里斯的观点，每一个泛生子都由无数的分子组成，它能生长和繁殖。细胞分裂后，泛生子就被平均分配到子细胞中。德弗里斯认为，泛生子存在于细胞核中，并发生向细胞质的运动。所以他假定遗传性状是由胞核向胞质传递的。如果某个泛生子发生变化，那就形成变种，成为新的物种的起源。毫无疑问，德弗里斯的遗传理论比先前的任何理论都类似于他后来重新发现的孟德尔遗传学说，他提出的"泛生子"则非常接近现代遗传学的"基因"概念。实际上，1909年，丹麦遗传学家约翰逊就是认识到孟德尔的"因子"与德弗里斯的"泛生子"极为相似，所以他在将孟德尔遗传单位取名为"Gene（基因）"时，就是采取缩短德弗里斯的"Pangene"一词，取其词尾而得名的。从现代遗传学观点来看，德弗里斯的《细胞内泛生论》是19世纪论述有关遗传学问题最为透彻也最有预见性的经典名著（孟德尔论文除外）。它的重要意义不仅在于它阐发了与现代遗传学十分接近的遗传理论，而且还在于它为德弗里斯重新发现孟德尔遗传定律做好了思想准备。德弗里斯正是在他的这一遗传理论指导下进行有关植物杂交的实验，从而做出了重大发现。但令人遗憾的是，这部富有天才预见的著作问世后，在当时并未引起人们的注意，没有产生它应有的影响。只是到11年后，孟德尔论文重新为人们所发现，人们才记起德弗里斯的这一著作。这不能不说是生物学史上的一大缺憾。

五、创立生物突变论

德弗里斯在大学时代就读过了达尔文的《物种起源》，由此对进化论产生了浓厚兴趣。1877 年，他到伦敦参观访问，此行的最大收获是拜会了他心中的偶像达尔文。从此他与达尔文建立了通信联系和友谊。达尔文进化论在荷兰的传播与发展同德弗里斯的名字是分不开的。

尽管德弗里斯较早接受了达尔文进化论思想，但他对物种的起源与进化的研究直到 19 世纪 80 年代才开始。其时，达尔文自然选择学说正受到严重挑战。按照达尔文的观点，自然界没有飞跃，物种主要是通过微小变异逐渐产生新种并进化的。由于达尔文主张融合性遗传，所以他不能解释自然选择何以能够将微小变异积累起来形成新种，达尔文的反对者正是以此进攻进化论的。德弗里斯虽然信奉进化论，但他并不满足于解释达尔文理论，或者为这个理论增添若干证据。他在认真研究达尔文理论基础上，还进一步致力于发展这一理论。为此，他用月见草、罂粟等几十个植物品种做杂交实验，探究物种的变异与起源问题。在月见草杂交实验中，他有了异乎寻常的发现。1886 年，德弗里斯在希尔沃萨姆城郊的一块废弃的马铃薯田地里，发现生长有两棵与众不同的红秆月见草。他将其带回阿姆斯特丹，种在自己的实验园地里。他将这两个月见草品种进行自花授粉，结果它们都能真实遗传。他又将这两个月见草品种进行杂交，在杂交一代和杂交二代之中，出现了既不同于它们的亲本、彼此间又不相同且在当时谁也没有看见过的三个新类型：一个是小月见草,其植株矮小,其他性状类似于亲本;一个是晚月见草,其叶片宽,叶柄长;还有一个是红斑月见草,因叶片带有红条纹而得名。此外,他还在杂交五代中得到了一株巨型月见草,它叶片宽而硕大,花大。这些新产生的品种都能或者几乎能纯一传代,变异很稳定。德弗里斯把这些新品种称为突变体。通过月见草杂交实验,德弗里斯认识到,达尔文强调的那种微小变异不是形成新物种的真正基础。物种的起源主要是通过跳跃式变异——他称之为突变——来实现的。为了解释月见草何以能够产生如此丰富的突变体,在经过16年的实验研究之后,在1901年至1903年期间,德弗里斯撰写并出版了堪称他生平得意之作的二卷本《突变论》,集中阐述了他的生物突变论思想。其要点如下:

(1)新的基本种可以不经过任何中间阶段或过渡形态而突然出现。

(2)新种一经产生,就表现出稳定性。

(3)就性状而言,新产生的大部分品种相当于基本种,而不是变种。

(4)形成新的基本种的突变发生在所有方向上。

(5)突变是周期性地出现的。

尽管"突变"一词并非德弗里斯首创(华根在他之前就已使用过这一概念),但德弗里斯的生物突变思想却是全新的。他认为,突变是通过一系列急剧变动、突进或跳跃来实现的。一个物种在突变前,可能以潜在状态存在着一种发生这种突变的倾向,他把这种"潜在状态"的发生叫作"前突变"。德弗里斯还对突变做了明确区分：他把提供有利性状的突变叫作"进步突变"，把那些提供无用性状甚至有害性状的突变叫作"退化突变"。他认为只有进步突变才对物种的进化起作用。

突变论的创立，使德弗里斯在欧洲一举成名，他被公认为20世纪欧洲最杰出的生物学家之一。许多生物学家，尤其是达尔文主义者对德弗里斯学说表示赞赏与欢迎。因为突变论解答了达尔文学说中许多使人迷惑费解的问题，回击了一些反进化论者的攻击，从而大大向前推进了达尔文进化论。

首先，突变论消除了达尔文进化论中有关新产生的变异有可能因融合而被冲淡的疑问。根据突变论，新的变异通常从一开始就将物种分开，因此新种之间不能杂交；即使能够杂交，也只能产生不能繁殖的后代。所以融合的冲淡不会出现，变异不会消失而被保存下来。

其次，德弗里斯承认自然选择在物种起源中的作用。他认为，新的变异首先由突变产生，然后选择对这些变异起作用。选择本身就像一个筛子，淘汰不适应的物种，保留适应物种。这种观点非常类似于现代达尔文主义。

再次，反进化论者（例如开尔文勋爵）针对达尔文关于物种是通过微小变异进化的观点，提出地球的年龄远没有足够时间允许如此繁多的动植物品种缓慢进化。达尔文亦感到这是他的学说遇到的一个真正的难题。德弗里斯的突变论为此提供了一个绝妙的说明。根据突变论，物种进化的方式是迅速的而不是迟缓的。如果一个新物种在一代之间从另一个物种中直接产生，那么大量新物种在科学家估算的地球年龄之内出现，就容易得到解释了。

最后，根据古生物学记录，两个邻接地层间存在的两种有关联的化石形态是有间隙的，达尔文认为这是由于化石记录本身不完全造成的。这种解释实际上是不能令人信服的。德弗里斯认为，这是由于突变是非连续的、大规模跳跃的，所以不存在中间的或过渡的形态。显然，德弗里斯的上述说明简洁明了，具有一定的说服力。所以许多生物学家对德弗里斯突变论给予了很高的评价。美国学者德文波特评论道："德弗里斯的伟大著作《突变论》如同达尔文的《物种起源》一样，开创了生物学领域的新纪元。"另一位美国学者贝克尔也说："自从达尔文的《物种起源》出版之后，没有任何一部著作能够像德弗里斯的《突变论》那样对生物界产生了如此深刻的震动。"

其实，德弗里斯突变论对进化论的贡献远不在于它解释了达尔文自然选择学说无法解释的各种疑问，更重要的在于他第一个将实验方法引入非实验性及富于臆测的进化论领域中。德弗里斯认为，运用实验方法研究进化论问题具有重要意义。他指出："迄今为止物种的起源不过是一种比较研究的对象。一般人都相信，非常重要的现象不能直接观察到，更不要说进行实验研究了。本书的目的旨在证明物种是由跳跃进化产生的，个体跳跃进化的发生，可以像其他生理过程一样观察到。用实验方法，我们才可能有希望阐明新物种起源所遵循的规律。"结果，他获得了极大的成功。此后，人们对于进化论的研究便由比较、推测和形态描述进入实验领域，使得进化论更加密切地与生理学，并最终与物理学、化学领域联系起来。这是进化论问题研究的一大历史性进步。正如德文波特所说："德弗里斯工作的重大作用是创立了实验法。有关实验的争论仅仅是判断它本身的价值。如果说突变学说所产生的广泛影响是引导人们用实验方法去研究进化问题，那确实是很恰当的。"

在 20 世纪头十年，突变论在生物学界造成的影响如此之大，以至于人人都在谈论它。它甚至超过了孟德尔遗传定律被重新发现的影响。然而，另一方面，对这个理论持批评态度的也大有人在，只不过严厉的批评只是在 1910 年之后才出现。英国生物学家贝特森在重做了德弗里斯一些有关月见草杂交实验后，并没有获得纯一传代的品种。所以他认为德弗里斯获得的所谓"纯系"很可能是杂种。此后，又有不少生物学家对突变现象进行了反复研究，但像德弗里斯所说的突变现象，还没有在月见草品种之外的其他生物中观察到。后来美国学者斯特蒂文特和埃默森通过细胞学研究发现，月见草有独特的染色体遗传结构，其遗传行为极为复杂。普通月见草是 2 倍体（14 条染色体），德弗里斯所发现的突变体如巨型月见草是 4 倍体（28 条染色体），另一突变体晚月见草是 3 倍体（15 条染色体）。实际上，德弗里斯所说的突变现象即大突变在现代遗传学看来属于染色体畸变，它与摩尔根遗传学所说的突变即基因突变是不同的。因此，到 20 世纪 20 年代，生物学家逐渐抛弃了突变学说，其主要原因就在于它是一种特殊的异常现象，没有普适性。当然，突变论被抛弃并不意味着德弗里斯发现的突变现象是毫无意义的。在自然界，无论是动物界还是植物界，都存在着大量真实的突变。后来美国遗传学家摩尔根将这一概念用于说明新等位基因的起源。在基因学说中，突变仍是进化的基石和原材料。遗传学家和进化论者在摩尔根给予的"突变"一词的新意义上达成了统一。

六、重新发现孟德尔遗传定律

1900年春天，生物学史上发生了一个重大事件：被埋没35年之久的孟德尔遗传定律为三个植物学家几乎同时各自独立地所发现。德弗里斯是第一个再发现者，此外还有德国杜宾根大学的科伦斯和奥地利农业实验站的切尔马克。

如前所述，德弗里斯是从19世纪80年代末开始进行植物杂交实验研究的。起初，进行这些实验的目的是探索物种的起源与变异问题。然而，从实验中他意外地发现了杂种性状有规则的分离现象。1893年，他用靡菲斯特罂粟（黑色、显性）同丹尼伯洛格罂粟（白色、隐性）杂交，两年后得到158棵带黑斑植株和43棵白色植株。1896年，他用这些子代植株进行自花授粉，所有隐性植株都能纯一传代，显性植株有的能纯一传代，有的则再次发生分离，比例为1095棵黑斑植株比358棵白色植株。1897年，他用多刺曼陀罗（开蓝花、显性）同无刺曼陀罗（开白花、隐性）杂交，杂种无一例外地表现为开蓝花、多刺的同一类型。第二年，用这些杂种自花授粉，结果约有72%的植株开蓝花，28%的植株开白花。在其他品种的实验中，德弗里斯发现显性植株在总植株数中所占比例约为75%，隐性植株约占25%（参见表1）：

表 1：德弗里斯人工杂交实验的结果

显性	隐性	隐性（%）
加氏麦仙翁	小亚细亚麦仙翁	24%
白屈荣	条裂叶白屈荣	26%
昼开剪秋罗	夜开剪秋罗	27%
夜开剪秋罗（有茸毛）	无茸毛剪秋罗	28%
月见草	短柱月见草	22%
罂粟（靡菲斯特）	罂粟（丹尼伯洛格）	28%
矮罂粟（单瓣花）	矮罂粟（重瓣花）	24%
玉米（淀粉质）	玉米（糖质）	25%
天仙子	白色天仙子	26%

根据这些实验结果，德弗里斯得出了如下两个基本原理：

（1）就两个相对性状来说，杂种只表现其中的一个，并得到充分的发育。因此，杂种在这方面无法与它的两个亲本中的一个相区别。这里没有出现过渡类型。

（2）在形成花粉细胞和卵细胞过程中，两个相对性状彼此分离，在多数情况下，这种分离遵循着简单的概率规律。

德弗里斯把前一个定律叫作显性律，后一个定律叫作分离律。1899年7月，在英国皇家学会召开的国际杂交学者代表会议上，德弗里斯向大会报告了30多个植物品种的杂交实验结果。翌年初，他同时用德文和法文写了两篇论文，题为《杂种的分离律》和《关于杂种的分离定律》。其实，这时候的德弗里斯已从贝利的著作《关于杂交育种和杂交》中知道了孟德尔的论文，但他在两篇论文原稿中都未提及孟德尔。这年3月他将法文论文寄往法国巴黎科学院。

没过多久，他收到代尔夫特大学细菌学教授贝哲林克给他寄来的孟德尔论文的副本。贝哲林克在信中写道："我知道您正在研究植物杂种，因此给您寄来我偶然发现的一个署名为孟德尔的人在1866年写的一篇论文，它或许对您的研究有所帮助。"这时候德弗里斯感到有必要在德文论文中加进一些有关孟德尔的字句。于是他匆匆修改了德文论文，在论文结尾部分做了如下说明："这项重要的研究（孟德尔《植物杂交实验》）竟极少被人引用，以至在我总结我的杂交实验并从实验中推导出孟德尔论文中已经给出的原理之前，竟然不知道这项研究。"而后，他将论文寄往德国柏林植物学会。不久，《巴黎科学院记事录》和《德国植物学会学报》相继发表了德弗里斯的论文，从而揭开了孟德尔遗传定律再发现的序幕。此后，《德国植物学会学报》又分别发表了科伦斯的论文《关于种间杂交后代行为的G.孟德尔定律》和切尔马克的论文《豌豆的人工杂交》。这样，到1900年春夏，被埋没35年之久的孟德尔遗传定律终于为人们重新发现。现代遗传学也就从此产生和发展起来。作为孟德尔遗传定律再发现第一人，德弗里斯的工作起到了决定性作用。孟德尔论文能重见天日，德弗里斯是功不可没的。

美国遗传学家邓恩在谈到德弗里斯在重新发现孟德尔遗传定律过程中的作用时这样说过："很明显，德弗里斯绝非只是一个孟德尔定律的再发现者，他还是一个普遍规则的创立者。"这是因为德弗里斯的有些工作超过了孟德尔。例如：孟德尔只是在豌豆等少数植物品种上证实了分离律，而德弗里斯则在30多个植物品种中检验了这一规律。孟德尔虽然提出了遗传单位的概念，但他又认为遗传单位是不变的，它只发生分离和重组，以此决定生物的性状；而德弗里斯则认为遗传单位的重组决不会导致新种产生，只有遗传单位的可突变性才是物种变异的源泉。从这点来说，德弗里斯的观点更接近于现代遗传学理论，他对现代遗传学的建立与发展起着自己独特的作用。

七、晚年生涯

从19世纪80年代到20世纪初，这20多个春秋是德弗里斯科学生涯的黄金时代。在这段时间里，德弗里斯先后提出了植物细胞渗透理论，创立了生物突变论，第一个重新发现了孟德尔遗传定律。这一切确立了他在生物学史上他人不可企及的历史地位。20世纪第一个十年后，德弗里斯虽然还继续从事他所喜爱的生物突变的研究，但他的主要精力已转向教学和培养年轻学者。特别是在继奥德曼斯之后担任阿姆斯特丹大学教授时，他更是把教书育人作为首要之事来做。他在科学上享有的盛誉使得当时欧洲许多国家的年轻人都纷纷投考到他的门下，在他的指导下主攻植物学。他一生指导和培养了数十名博士生，其中有数人后来都成为很有成就的生物学家。在荷兰，德弗里斯的名字是家喻户晓、妇孺皆知的，在科学界他也蜚声海内外。德国柏林大学、美国哥伦比亚大学和其他国家的一些著名高等学府都授予他荣誉博士学位，并盛情邀请他前往执教。但德弗里斯热爱自己的祖国，他婉言谢绝了别国的邀请，以年逾花甲之高龄仍活跃在阿姆斯特丹大学讲坛上。直到1918年他70岁时，按荷兰政府规定到了退休年龄，他才依依不舍地离开阿姆斯特丹大学，迁居到隆特恩的一个边远村庄。他在那里新建了一个实验室，并开辟了一个植物园地，继续从事他的科学研究活动。德弗里斯在高校执教 40 余年，弟子遍布欧洲，可谓桃李满天下，因此他的退休生活并不孤独。他的好友和先前的学生常到乡村陪伴他，他在世界各地的崇拜者也常来拜访他。更令他高兴的是，阿姆斯特丹大学高年级学生为完成学术论文，常到他的实验室工作，以求得这位科学大师的指导。德弗里斯总是高兴地与年轻人在一起做实验，他感到自己的晚年生活充满了生机活力。然而，1935 年 5 月 31 日，这位叱咤科坛的人物终因心力衰竭而猝然去世，享年 87 岁。

德弗里斯一生著述颇丰，是生物学史上罕见的多产生物学家。除了上述几部（篇）有重大影响的论著，他还大约发表了 700 篇论文。1918—1927 年间，他亲手编辑出版了 7 卷本研究论文集，内容涉及植物学、细胞学、生理学、遗传学和进化论等学科。他的名字经常出现在《自然》《科学》《遗传学》《植物学公报》等权威学术刊物上。由于卓越的科研成就和诲人不倦的教书育人精神，德弗里斯一生赢得了许许多多的荣誉：1905 年他被接受为英国皇家学会外籍荣誉会员，1906 年荣获英国皇家学会达尔文勋章，1926 年又获林耐学会金质奖章。他总共被授予 11 个荣誉博士学位，荣获 17 枚金质奖章。他还在荷兰许多科学学会或团体担任重要职务，为荷兰乃至世界科学事业的发展贡献了毕生精力。德弗里斯曾以创立突变论而被提名为诺贝尔生理学或医学奖候选人，尽管后来没有正式得奖，但由此可以看出他的科学业绩在科学界的影响是多么巨大、多么深远。

德弗里斯对自己的科学研究事业执着追求，锲而不舍。1915年后，他根据月见草实验而提出的突变学说被科学界淡忘后，德弗里斯仍一如既往继续研究。他在退休迁居到隆特恩之后，仍在植物园中种有各种类型的月见草，用来做杂交实验，观察其遗传特性及规律。他晚年撰写的论文中，大部分是关于月见草实验的。1927年，他自己选编的最后一部论文集就是专论月见草的。他将突变论的创立视作生平得意之作，其意义甚至超过他重新发现孟德尔遗传定律。1935年，他在去世前一个月还撰写了一篇题为《论月见草的半隐性原基》的论文，发表在《进化与遗传导论》上。

德弗里斯晚年还致力于欧美之间科学的传播与交流。1904—1906年，他曾两度远涉重洋，应邀前往美国加利福尼亚大学伯克利分校讲学。1912年，他第三次访美，参与组建得克萨斯州的霍斯顿水稻研究所。他每次访美归国后，都撰写访美见闻，向国内教育界、科学界介绍美国大学教育和科学研究进展情况。

作为一名科学家，德弗里斯并非完美无缺之人，他在晚年的科学活动之中亦有失误之处。这主要表现在他过分看重了他所创立的突变论，而低估了孟德尔论文的理论价值。在孟德尔定律的三个再发现者中，他对孟德尔发现的态度是不公正的。科伦斯与切尔马克都认为自己的工作只不过是"再发现"而已，表现出一个科学家应有的科学道德，德弗里斯却不然。他认为自己是在不知道孟德尔工作的情况下发现分离律的，如果没有孟德尔，那么关于杂种性状的分离律就应该叫作"德弗里斯定律"。所以，他对科伦斯、贝特森等人将遗传学定律称为"孟德尔定律"愤愤不平。正因为如此，

1906年，科学界倡议在捷克的布尔诺为孟德尔建立纪念碑时，他拒绝在倡议书上签字。尽管德弗里斯身上有着这些让后人遗憾的地方，但他作为一位为人类做出重大贡献的科学家，永远值得我们尊重和怀念。德弗里斯逝世后，美国《科学》杂志发表的讣告用下面一段话，高度评价了德弗里斯作为科学家的一生：

> 很少有科学家像德弗里斯那样，在他们的理论和实验领域中产生如此深远的影响。他目光敏锐，耐心搜集实验数据；他不知疲倦，认真观察，善于解释实验结果。……他精于理论，富于创见，同时注重实验室和园地的数据采集。他是拓荒者，又是预言家。德弗里斯的名字将永远铭刻在所有生物学家的心中。

（作者：张青棋）

埃尔利希

化学疗法的先驱

保罗·埃尔利希

(Paul Ehrlich, 1854—1915)

一、学生时代

1854年3月14日,保罗·埃尔利希出生在德国西里西亚的斯特林小镇上一个富有的犹太人家庭。他是家中唯一的男孩,上有三个姐姐,下有一个妹妹。埃尔利希的父亲伊斯马·埃尔利希是酿酒商,曾经营过小旅馆,他勤于思考,富有眼光,颇受当地人敬重。母亲罗莎·魏格特聪慧漂亮,精明强干。埃尔利希的祖父是富有的酒商,拥有一座藏书丰富的私人图书馆,晚年常向当地居民进行科普演讲。埃尔利希的家族中,出过不少杰出的教育家和科学家。他的表兄卡尔·魏格特是著名的组织病理学家,既是他的终身挚友,又是他崇拜的偶像。

1860年,埃尔利希进入当地一所小学就读。10岁那年,到离家30多公里的布雷斯劳城的一所人文中学求学,寄宿在一位教授家里。他并不很出众,讨厌听课和考试。他后来的秘书马夸特小姐在《埃尔利希传》中讲述了一些埃尔利希的逸闻趣事:假期里,他喜欢与其他学童玩耍打闹,爱到乡间的田野里抓小动物。一次,他和几个好友抓了一串老鼠和青蛙,偷偷放在家里的浴室里,吓得家中的小保姆惊恐万状。尽管顽皮淘气,但埃尔利希很早就表现出对治疗病人的兴趣。当他还是个11岁的孩子的时候,就自己开出一张处方，让镇上的一位药剂师配制出一种止咳药水。

"学校是沉重的枷锁，因为在我一生中，对自由始终都有一种强烈的渴求。"他后来这样说道。然而，对感兴趣的课目，他又非常投入。他特别喜欢数学和拉丁文，并且成绩优异。解数学难题，他最得心应手，而拉丁文因其严密的逻辑结构，深得他的偏爱。他一生都迷恋拉丁文，在他后来的写作中，埃尔利希常在德文中夹杂些拉丁文词句，还常用拉丁语格言表述他的思想。他最感恼火的是德语作文。毕业考试的时候，老师出了一道作文题《生活：一个梦》，他是最后交卷的学生。他写道："生活是化学事件，是普通的氧化过程，而梦则是发生在脑中的化学过程，是一种脑的磷光现象。"由此可见，科学的种子已深深地埋在他的脑海中。然而，这篇作文令校长和老师非常生气，被判为劣等。幸好埃尔利希的拉丁文和其他几科成绩优良，校方才勉强让他毕业。

1872年夏，埃尔利希进入布雷斯劳大学，表兄卡尔·魏格特就在这里任教。埃尔利希受到年轻的解剖学家威廉·瓦尔代尔的关照，两人结下了终身的友谊。瓦尔代尔当时是著名的生理学家鲁道夫·海登海因的助手。或许是受瓦尔代尔和魏格特的影响，埃尔利希立志学习医学。按照德国大学的惯例，学生可以自由转学，无任何限制。几个月后，瓦尔代尔被斯特拉斯堡帝国大学聘为教授，埃尔利希随同转入该大学就读。埃尔利希在斯特拉斯堡大学读了三个学期，这对他一生的发展具有决定性的影响。

瓦尔代尔是杰出的解剖学家。他在德国第一个将化学引入医学；1863年，他第一个用苏木紫进行组织染色；他利用显微镜，研究了神经纤维、听觉器官、结膜及喉的组织学，创造了神经细胞、染色体、原生细胞等新术语，他提出的神经元理论，至今仍被普遍接受。他认识到，埃尔利希天资聪颖，思维独特，不同于一般的医科学生，因此经常给予鼓励以激发其天赋。埃尔利希在瓦尔代尔的影响下，对生物染色产生了浓厚的兴趣。马夸特小姐在《埃尔利希传》中有段生动的记述：

> 在一次解剖学实验课上，瓦尔代尔教授发现埃尔利希的实验台上布满了多种颜色的斑点，问道："你在干什么？""我正在用染料进行实验，先生。"埃尔利希将试管举到老师面前，手和脸上都沾满了着色剂。教授查看了试管和桌上那些已经染色的切片。很显然，这位学生并没有按照常规的实验安排操作，而是在进行创造性的探索，并获得良好的结果。教授赞许地点点头："很好，继续试吧。"

埃尔利希是瓦尔代尔最得意的门生之一，经常被瓦尔代尔邀请到家里做客，二人建立起长期的亲密关系。瓦尔代尔预言，埃尔利希前程似锦，无可限量。

埃尔利希不愿去听那些枯燥刻板的课程，但是，他贪婪地阅读他感兴趣的有关组织学和铅中毒方面的著作，并具有从中快速吸收精华的能力。对兴趣以外的课程的忽视，无疑造成他在某些知识方面的缺陷。然而，埃尔利希选定了主攻方向，并掌握了为达到目标所需要的必要知识。他认为，完全没有必要去学习那些与目标无关的东西。在准备医学预科考试的时候，埃尔利希对结构有机化学和染料化学产生了浓厚的兴趣，然而，他很少去听贝耶尔主讲的化学课，这多少有些让人感到不可思议。贝耶尔是凯库勒和本生的学生，在染料化学方面的造诣深不可测，被尊称为"德国染料化学之父"，后于 1905 年获诺贝尔化学奖。期末的化学考试，埃尔利希却获得了"极优"的成绩，贝耶尔向同事瓦尔代尔极力称赞埃尔利希的化学天才。后来每每谈起这件事，埃尔利希都感到非常自豪，既是为这个"极优"的成绩，又是为自己是贝耶尔的"学生"，尽管贝耶尔或许并不认识他这位学生。

通过医学预科考试后，1874 年埃尔利希接受表兄魏格特的劝告，返回布雷斯劳大学攻读病理解剖学。他在这里完成了博士论文课题的研究。其间，1876 年在弗赖堡大学生理学研究所学习一个学期，1878 年最后一个学期在莱比锡大学度过。在布雷斯劳，埃尔利希无疑给实验解剖学家科恩海姆、组织学家魏格特、生理学家海登海因、植物学家和细菌学家费迪南德·科恩留下了深刻的印象，同时又幸运地受到这些名师的指导和影响。他在最合适的时候来到最合适的地方，因为这是布雷斯劳大学最辉煌鼎盛的时期，人才济济，名师如云。

科恩海姆，伟大的病理学家，是维柯最杰出的一位学生。在布雷斯劳大学的六年里，科恩海姆创建了著名的病理学研究所。作为组织病理学家，他创立了冷冻新鲜组织用于显微研究的方法，用银盐和金盐标记神经末梢，对骨骼肌进行了研究，在炎症和栓塞等方面的研究，造诣精深。他是一位足智多谋的研究者，也是一位循循善诱的教师，培养出许多才华超群的学生。对于埃尔利希天才的独立思维能力和对染料和细胞相互作用的不寻常的探索精神，科恩海姆非常欣赏并给予热情的鼓励。埃尔利希的表兄魏格特，因生物染色和神经组织学的贡献闻名于世。他对苯胺染料和显微染色的兴趣，直接影响了埃尔利希。他对埃尔利希在布雷斯劳的学习和研究关怀备至。在布雷斯劳，对埃尔利希产生重大影响的第三位伟大学者海登海因，是卓越的生理学家和独立的思想家。他对埃尔利希从事染料化学及染料和细胞相互作用的研究，给予大力支持。在他那里，埃尔利希知道了在生物学中进行可靠的实验、定量测定和独立思考的重要性。对埃尔利希产生重大影响的第四位人物科恩，是生理植物学研究所的教授，被认为是继林耐之后最伟大的植物学家。他最早认识到新发现的微生物世界的重要意义。他发表的关于细菌分类和细菌生物学的论文，被认为是该领域的经典。科恩乐于助人，一直支持埃尔利希。从科恩那里，埃尔利希知道了微生物、植物细胞、显微染色的重要性和具有开放头脑的价值，知道如何提出科学假说并进行思考。

1876 年，埃尔利希有幸结识了前来布雷斯劳大学病理学研究所访问的著名细菌学家科赫。所长科恩海姆在介绍埃尔利希时说道："这是小埃尔利希，极擅长染色，但通不过考试。"这最初的相会，给二人留下了难忘的印象。

埃尔利希在表兄魏格特的实验室里开始研究苯胺染料对细胞和组织的选择性作用，1877 年发表了他的处女作，这是他博士论文的一部分，论述了苯胺染料在显微技术中的应用。这年，经过补考后，他终于通过了国家医学考试。1878年，他在科恩海姆教授的实验室里完成了博士论文《关于组织染色的理论与实践》，这年他24岁。他将论文提交给莱比锡大学，主要是由于魏格特和科恩海姆受聘移居莱比锡，他们是埃尔利希的论文导师，对埃尔利希在染色方面的兴趣一直给予鼓励和支持，又最熟悉他的工作。他证明，所有的选择性的组织染色，即能使组织之间产生差异的染色，都可以分为两类：一类是直接染色，色素不改变地进入一种组织，但不进入另一种组织；第二类即所谓的附属染色，有色物质先与另一化合物（媒染剂，如明矾）结合，然后色淀与组织（纤维）结合。埃尔利希深入研究了第一类染色，因为大多数组织染色属于这一类。从化学的观点来看，显然苯胺就属于第一类染料。他认为，化学结合同样是这类染色的基础，动物纤维本身起了媒染剂的作用，通过化学结合，使染料失去其一个基本的性质，即溶解性，于是产生色淀。并且指出，合成的苯胺染料中，既有显酸性的染料（如曙红），又有显碱性特征的染料（如品红），因此根据化学关系，能够获得所需要的选择性染色。他还描述了大量独特的染色细胞。这篇论文，显示出"作为化学家的埃尔利希"的独特的思维能力，几乎包含了他后来所有的科学思想的胚芽，并最终得出他一生中最伟大的科学发现。

二、染色研究

1878年获博士学位后，埃尔利希受聘于柏林夏里特医院，先在著名的实验病理学家、肝病学权威弗雷里希斯手下任助手，后晋升为主治医生。弗雷里希斯赏识埃尔利希的才干，积极支持他的染色实验研究，甚至取消了他的日常门诊事务。从各方面看，这里的实验条件都非常简陋。但几乎他所有创造性的、重要的染色工作都是在这期间完成的。他的同事和清洁女佣对他经常在实验桌上洒满染料颇有微词。一位同事就直截了当地说："你一工作，桌上就留有染料痕迹。"他几乎使用过当时发现的所有染料。1880年，他对白血球进行鉴别染色，创立了著名的三元酸染色法，并提出嗜酸性白血球、嗜碱性白血球和嗜中性白血球等术语。1882年，科赫宣布发现结核杆菌。埃尔利希立即着手寻找一种新的、更灵敏的选择性染色结核菌的方法。他利用这种微生物易和酸性物质结合的性质，创造了新方法，今天使用的各种方法都是在他的原始技术基础上改进而成的。

1883年，埃尔利希与年轻漂亮的平库西小姐喜结良缘。她是纺织品富商的女儿，聪颖贤惠，后来生育了两个女儿。1885年，埃尔利希发表了专著《机体的需氧量》，首次以染料作为氧化还原指示剂来指示新陈代谢活跃的细胞的内部状况，展示了他对机体组织和器官中氧气分布的研究，引起了医学界的广泛关注。两年后，该著作获得蒂德曼奖，并作为任职资格论文帮助埃尔利希成为柏林大学内科学"编外讲师"。

1885年，弗雷里希斯去世，继任者格哈特教授是一位刻板守旧的临床医学家，他认为埃尔利希的工作应当限制在传统的临床医学上，而埃尔利希已将实验室工作视为研究生涯中不可缺少的部分。这给埃尔利希的心理上带来了不小的压力。埃尔利希在这压抑的环境中工作了两年，1887年初，他用自己发明的方法，诊断出自己患了肺结核病。1888年，他趁机离开医院，携妻子去埃及疗养，从而摆脱了与格哈特的摩擦和冲突。在夏里特医院的九年，是他取得极为丰硕成果的时期，除专著《机体的需氧量》外，他还发表了44篇论文。

1889年，埃尔利希病愈后回到柏林。由于得不到合适的职位，在岳父的慷慨帮助下，他在柏林建了一个很小的私人实验室。他发现亚甲蓝可以染色神经末梢的敏感神经。他和李普曼进一步研究，发现纯化的亚甲蓝能够治疗神经痛。显然，这种染料能干扰神经传导，因此可作为止痛药。

由于科赫的举荐，埃尔利希被柏林的莫阿比特医院短期聘为结核病部的负责人。他的工作是用科赫的结核菌素治疗病人，以证明这种药物的有效性。不幸的是，结核菌素并无疗效，招致公众对科赫的批评。后来发现，结核菌素是有效的结核病诊断剂。

三、免疫化学

1891年，埃尔利希来到科赫的传染病研究所，这是德国最著名的细菌学研究机构。科赫周围聚集了一大批优秀的青年科学家，与埃尔利希一起工作的有布里格、贝林、北里柴三郎和瓦塞曼等人。初来研究所时，科赫将埃尔利希带到实验室，说道："在这里，你尽管干你喜欢干的事。"埃尔利希作为无薪特约研究人员工作了三年，其间，获得了柏林大学副教授头衔。他对贫血症的血液染色研究进行总结，并开始转向免疫学的新领域。

19世纪90年代初，免疫学蓬勃发展，科学家发现了血清中的有毒物质，进行了细菌培养。例如，在 1888 年，纳托尔证实血液的杀毒作用，巴斯德的学生埃米尔·鲁和耶尔森在白喉细菌培养滤液中发现有毒物质。1890 年，布赫纳在正常动物的血液和无细胞血清中，鉴别出一种非特异溶菌因子，他称之为"防御素"。同年，科赫的助手贝林和北里柴三郎，在被白喉或破伤风细菌感染的动物的血清中，各自独立发现具有特异性的免疫物质，它能中和或消灭由细菌产生的外毒素，他们为这种血清物质创造了"抗毒素"一词。由于得到相同的结果，科赫让二人合作研究。他们联名在《德国医学学报》发表了一篇论文，贝林很快又单独发表了一篇。血清抗毒素的被动免疫性的发现，直接导致免疫性的体液学说的创立。

由于血清毒素和细菌毒素的重要性日益突出，以及科赫的影响，埃尔利希转向免疫学研究。1891 年，他巧妙地利用纯化的植物毒素（相思豆毒素和蓖麻毒素）使动物血清中产生抗毒素。他认为，血清抗毒素（抗体）的形成是一个化学过程。他证明通过母乳能够将免疫物质传递给婴儿，还阐明了主动免疫和被动免疫的根本差异。

1892 年，赫希斯制药公司为了获得贝林生产白喉抗毒素的方法，同意拨款支持贝林的动物实验研究，双方签订了协议。然而，临床试验证明，贝林血清制品中白喉抗毒素的强度太低，无法用于实际的治疗。贝林找不出有效的方法浓缩这种抗毒素，承受着来自制药公司的巨大压力，因为制药公司已经投巨资兴建了血清生产线。更让贝林忧心的是，在巴斯德研究所的埃米尔·鲁的领导下，法国可能会率先生产出自己的商用抗毒素。

1893 年，在科赫和贝林的再三劝说下，埃尔利希同意与贝林合作研究。他根据从研究植物毒素获得的经验，立即着手攻克提高白喉抗毒素效力的难关。不久，他设计出测定血清中抗毒素含量的定量方法，并且解决了大量生产白喉抗毒素的一系列技术难题。科塞尔、瓦塞曼和埃尔利希在夏里特医院进行了临床试验，结果证明了白喉抗毒素治疗的惊人成功。贝林因此获得巨大的国际声誉，同时也卷入优先权之争，包括和科赫的专利权的争论。次年，贝林离开科赫研究所，去哈雷大学任卫生学教授。

1894年，埃尔利希与赫希斯制药公司正式签订了12年的生产抗毒素的合同，规定了从产品销售利润中返还给埃尔利希的百分比。然而，1896年，埃尔利希终止了合同，这时他受聘担任斯特吉茨血清研究所的所长，这是一家由政府开办的研究机构。他认为，继续接受外面公司的报酬会与自己的研究兴趣发生冲突。据秘书马夸特小姐回忆，埃尔利希抱怨，在白喉抗毒素的专利权税方面，自己受到贝林的欺骗和算计。贝林获得了改进的白喉抗毒素专利权，并独自建立了与赫希斯制药公司的商业关系，后来在马尔堡开办了自己的工厂，建造了高大的楼房，获得巨额利润，成了一个极其富有的人，而埃尔利希差不多一点儿好处也没有得到。

埃尔利希是一位友善、宽厚的人，尽管有过不愉快的事情，他与贝林仍保持多年友好的通信，在公开的演讲和著述中，多次表示对贝林早期科学发现的敬意。埃尔利希偶尔也会表露出他的不满，如在1899年写给马夸特小姐的一封信中，便对贝林进行了尖锐的指责，并披露了许多事情的真相，包括贝林曾试图隐瞒这种高效力的白喉血清是应用了埃尔利希独创的科学原理的结果。

巧合的是，二人出生只相差一天（贝林生于 1854 年 3 月 15 日，埃尔利希生于 1854 年 3 月 14 日）。到 1901 年，含有标准化白喉抗毒素的商业血清广泛用于救治患病的儿童。1895 年，贝林获得贵族封号，被称为冯·贝林。1901 年，贝林和埃尔利希均被提名为首届诺贝尔生理学或医学奖候选人。然而，该年的奖单独授给了贝林。

埃尔利希的科学才干，受到普鲁士教育与医学事务大臣阿尔特霍夫的赏识。阿尔特霍夫是位性格直率奇特、睿智而有魅力的政治家，对支持大学和科学研究不遗余力。他把埃尔利希这样天才的年轻科学家，看作德国最宝贵的财富，即便不能为其谋得与其才能相匹配的学术职位，也要设法提供施展才华的其他机会。他与德国许多著名科学家建立了深厚而亲密的友谊。1895 年初，他在科赫的传染病研究所内，为埃尔利希建立白喉抗毒素实验室。在埃尔利希的指导下，科塞尔和瓦塞曼进行实验研究，不久又将破伤风抗毒素的标准化纳入他们的课题中。由于要干的事太多，实验场地显得尤为拥挤。1896 年，阿尔特霍夫在柏林郊区斯特吉茨创办了皇家血清研究所，埃尔利希任所长。该研究所是利用以前一家小饼干厂改建而成的，条件依然简陋，但埃尔利希已非常满足。他常对他的朋友瓦塞曼说："这个研究所虽小，但它是我自己的。只要有一个小水龙头，一只酒精灯和一些吸墨纸，即使在马房中，我也一样能工作。"1897 年，埃尔利希发表了他的经典论文《白喉抗毒血清的标准化及其理论基础》，为后来毒素和抗毒素的标准化奠定了基础。他提出"最小致死量"的概念，以表示毒素的强度。他把"最小致死量"定义为"皮下注入 250 克重的豚鼠体内，在 96 小时能杀死该动物的最小毒素剂量"。他把抗毒素的标准单位定义为能中和100倍最小致死量毒素的抗毒素剂量。在这一研究中,埃尔利希和助手进行了艰苦的实验工作,用于动物实验的豚鼠不下1万只。1897年,埃尔利希因这一成就,被聘为枢密医学顾问。

在1897年这篇重要论文中,埃尔利希提出了著名的"侧链"理论来解释免疫过程。后又经过多次修改,这个理论变得越来越复杂和牵强附会。他认为,抗毒素不可能是由毒素派生出来的,而是通过活的有机体的反应产生的。他假定,毒素含有代表其毒性的特殊结合簇,即毒性簇,毒素通过它可以与称为受体的细胞成分相结合,这种受体相当于附在苯环上的"侧链"。这样,细胞成分被"中和",因此,受体即不能发挥正常的代谢功能,于是细胞就产生更多的受体,其中有些进入血流。血流中的受体能吸收和中和毒素,从而保护机体细胞。埃尔利希还假定,毒素和抗毒素之间存在着相当稳定的化学关系。

这一理论,对免疫学和药物学做出了重要贡献,同时也受到同辈科学家的广泛批评。他们认为,这一理论太烦琐,而且太过于迷恋某些有机化学方面的假设。最严厉的责难,首先来自博尔代,他是巴斯德研究所的所长,血清学和免疫反应理论的先驱,后来在1919年获诺贝尔生理学或医学奖。他根据物理现象,特别是胶体的相互作用,来解释毒素和抗毒素的相互关系,对埃尔利希依据化学反应提出的"侧链"理论持否定态度。第二位重要的批评者,是著名的物理化学家阿伦尼乌斯,他因电离理论获得巨大的名声,1903年获诺贝尔化学奖。他对免疫化学有浓厚的兴趣。他认为,埃尔利希提出的涉及共价键和假定生成某种新物质的生物化学理论，无法解释抗原与抗体的反应。人体和试管一样，必须遵从物理化学定律，因此，免疫应答的测量应该使用精确的方法，并服从物理化学定律，如质量作用定律。阿伦尼乌斯甚至武断地指出："物理化学家发现，某些至今仍被医学界接受的生物化学理论，都是建立在绝不可靠的基础上的，必须由与普通化学定律相一致的理论所代替。"另一位反对者格鲁贝尔，是奥地利细菌学家，细菌凝结素的发现者之一，他反对抗体的绝对特异性，认为在适当条件下，会发生非特异性反应。

埃尔利希强烈捍卫建立在结构有机化学基础上的"侧链"理论，反对物理化学的范特霍夫－阿伦尼乌斯学派。他认为，物理化学方法最适合于不需进行多少复杂计算的情形，在组织中，存在需要进行生物分析的多重因素，因此，最好用两种方法。他还讥笑格鲁贝尔在免疫学领域缺乏直接经验。

埃尔利希是铸造新术语的天才。为了阐述他的学说和观点，他创造了主动免疫、被动免疫、抗体、补体、受体、类毒素、侧链等术语。

四、化学疗法

阿尔特霍夫认识到，埃尔利希是非常卓越的科学家，理应获得正教授的头衔。但是，在柏林又很难为这位犹太科学家找到合适的职位。阿尔特霍夫便设法为他寻找更宽敞的实验室。1899年，普鲁士政府在法兰克福创办了皇家血清研究所，该研究所建有宽敞的实验大楼。埃尔利希被任命为所长，他的研究条件大为改观。此时他的眼界已超越了血清疗法，而转向疾病的化学疗法。因此，他坚持认为，该研究所应该叫皇家实验疗法研究所。1901年，阿尔特霍夫说服特奥多尔·施特恩基金会在研究所内建立一个癌症研究室。埃尔利希与皮肤病学家、病理学家阿波兰特教授合作进行肿瘤研究。他们证实，将肿瘤从一个动物向另一个动物连续移植几代，动物患恶性肿瘤的机会大大增加。还证明，通过连续的接种，肉瘤会转变成癌。埃尔利希认为，与细菌相比，癌细胞是一种寄生虫，它影响寄主的营养和免疫性。

1906年，"乔治·施派尔之家"化学疗法研究所落成，它毗邻实验疗法研究所，由施派尔的遗孀捐资修建，以纪念故去的丈夫。埃尔利希兼任该研究所的所长，在就职演说中，埃尔利希回顾了从33年前作为一个医科学生对铅在人体中的不同分布的兴趣，到走向化学疗法研究道路的历程。该研究所装备精良，资金充裕，使他能全身心地投入到对传染病的系统研究中。埃尔利希显赫的名声，吸引了来自世界各地的科学家前来访问或合作研究。他组建的化学家和细菌学家队伍，阵容强大，闻名于世。

在来法兰克福之前很久，埃尔利希就曾尝试用化学武器快速消灭寄生虫。1880年，拉弗朗在感染上疟疾的病人的血液中，发现一种疟原虫。1890年，埃尔利希观察到，亚甲蓝能使疟疾寄生虫着色。1891年，在柏林莫阿比特医院与古特曼的合作中，埃尔利希用亚甲蓝医治两例疟疾病人，发现这种染料确有一定的疗效，但不如奎宁的疗效好，无法彻底治愈这种疾病。这一微小的成功，对埃尔利希的科学生涯起了决定性作用。埃尔利希认为，亚甲蓝这种染料，对寄生虫具有亲和力，且对人体相对无毒。于是，他与工业化学家合作，探索在亚甲蓝上联结有毒基因的可能性。在初步的研究之后，由于财力和物力等各方面的原因，埃尔利希的兴趣转向了免疫学，十年后才又回到化学疗法领域。

在法兰克福，埃尔利希有了充足的人力、物力和财力，使他终于能够实现利用染料（后来是有机砷化合物）作为化学炮弹进攻病原体的想法。他复活了古老的帕拉塞斯的特效药思想。他的目标是要创立一种新的疗法，即用大剂量的某种特效药物，既能消灭入侵的细菌，又不影响宿主组织的疗法。用他的话说，就是"我们必须学会用魔弹消灭细菌，这种疗法应该是体内消毒的一种形式"。

埃尔利希创立了基本的药物学概念——药物的"化学治疗指数"，它是最小的治疗剂量与最大允许度的剂量的比值。他发现某些细菌天然具有抗化学药品的能力，或能够获得这种抵抗能力。他将原来用于解释抗原-抗体反应而提出的受体概念，用于解释染料和砷剂在化学疗法中的选择性作用。

为了找到抗感染的试剂，埃尔利希安排化学家温伯格和本达提供指定的化学制品，他的好友劳本海默教授提供染料。埃尔利希的同僚鲍尔、贝特海姆、卡勒和弗朗茨·萨克斯合成了许多化合物。在助手志贺洁、秦佐八郎的帮助下，埃尔利希的研究小组用数千种染料和化合物系统地进行了动物实验。

埃尔利希并不是简单、随意地选择化学物质。他选择化合物和改变化合物上的侧链，主要是出于对化学理论和动物实验结果的综合考虑。他是一部"化学百科全书",而不是一位化学实验家。他厌恶复杂的仪器,就犹如他喜欢复杂的理论一样,他平常只使用一些试管和酒精灯,其实验技能还不足以将"侧基"加到染料分子上。他招募了许多优秀的有机化学家协助他工作。由于他具有丰富的有机化学知识,他能构想出具有潜在医疗价值的新分子。

1904年,埃尔利希和志贺洁公布了他们第一种成功的化学治疗剂——锥虫红。他们试用这种新合成的红色染料治疗通过人工方法感染上锥虫病的老鼠,发现能很快清除老鼠血液中的寄生虫,且没有明显的毒性。而进一步的实验发现,锥虫红对染病的豚鼠、狗,以及更大的动物和人体中的锥体虫没有任何疗效。但是,这次在治疗老鼠锥虫病中取得的初次成功,对后来用其他染料进行抗锥虫病实验起了促进作用,无疑是化学疗法中的第一个突破。1906年,一个法国研究小组发现,锥虫蓝能更有效地杀灭锥体虫。

锥虫红是一种偶氮染料,埃尔利希认为,起治疗作用的因素主要来源于"偶氮"基团,于是联想到与氮同族的砷,因砷的毒性更大,推测若将"偶砷"基团引入染料,或许是更有效的药剂。不久,埃尔利希用砷化合物进行类似实验,发现砷化物几乎能破坏所有的锥体虫菌株。埃尔利希习惯于研究科学文献,对原生动物学家绍丁的工作非常熟悉。绍丁和霍夫曼发现了引起人类梅毒病的梅毒螺旋体,并认为梅毒螺旋体是一种原生动物,与引起昏睡病的锥体寄生虫同群。埃尔利希想到,有机砷化合物对治疗梅毒可能有效。

埃尔利希开始关注有机砷剂"阿托西"。托马斯和布伦尔发现阿托西具有杀灭实验动物体内锥体虫的能力。科赫曾用阿托西治疗欧洲流行的昏睡病，但有使人致盲的副作用。1907年，埃尔利希和贝特海姆弄清楚了阿托西的真正化学结构是对氨基苯砷酸的单钠盐。之后，埃尔利希和同事对阿托西和由工业化学家提供的大量阿托西衍生物的疗效进行实验。1909年，埃尔利希的助手秦佐八郎发现，有一种编号为606的阿托西衍生物对感染梅毒的家兔有治疗作用。先前，埃尔利希的实验室已用过这种化合物，不知为何，结果竟然发现对梅毒没有作用，就没有再进一步实验。秦佐八郎是位细心、专注的梅毒实验专家，他重新实验，获得意外成功。随后，在黑猩猩和人体上的实验也获得了成功，当年获得了"埃尔利希－秦氏606"专利。次年，在德国威斯巴登内科医学大会上首次公布了这一发现，在世界上引起轰动。埃尔利希免费为患者提供了6.5万份药品。埃尔利希常说成功需要"四G"：Geduld（耐性）、Geschick（能力）、Geld（资金）、Glück（运气）。在谈到606的成功时，他说："走了几年霉运，现在总算时来运转了。"

埃尔利希将这种新药命名为"洒尔佛散"。如果使用得当，它能有效杀灭梅毒螺旋体，尤其是受感染后及早施药，疗效更佳。然而，埃尔利希要发明一种理想抗菌剂（魔弹）的梦想，在洒尔佛散身上并未真正实现，因为它具有副作用，在低剂量时，还会使螺旋体产生抗药性。但是，这一发现，当时作为治疗性病最有效的方法，具有重大的现实意义。在20世纪初期，梅毒是一种可怕的传染疾病，犹如今天的艾滋病一样。洒尔佛散使无数的病人恢复了健康。1912年，埃尔利希又发明了洒尔佛散的改进剂"新洒尔佛散"（又称914），它有极好的疗效，并且比606更易溶于水。

五、埃尔利希的晚年

在他生命的最后几年里,埃尔利希不得不与那些说他是骗子、奸商、不讲道德的实验者的指控进行斗争。他被漫画家讽刺。一些狂热之徒将他看成恶魔,他们怨恨这位成功治愈了梅毒的医生。面对这些嫉妒者恶毒的人身攻击,埃尔利希被迫自卫,包括诉诸法律。他获得了洒尔佛散的专利,战胜了敌手,赢得了这场"洒尔佛散战争",但他也因此精疲力尽,并患上了抑郁症,分散了他对科学研究的精力。

1914年第一次世界大战爆发后,埃尔利希研究所的科研被迫中断,转向常规的血清生产。他一生嗜烟如命,导致他身体虚弱,健康状况不佳,糖尿病、动脉粥样硬化和神经痛长期折磨着他。现在,他又遭受着战争的折磨,因为战争与他减轻人类痛苦的理想是相违背的。1914年圣诞,埃尔利希遭受了一次轻微的中风,不久被迫到疗养地休养。1915年8月20日,埃尔利希再次中风后与世长辞,享年61岁,安葬在法兰克福犹太人公墓。在葬礼上,他的朋友、著名药物学家埃林格尔称埃尔利希是给世界留下丰富遗产的科学巨人。贝林发表了纪念演讲,称埃尔利希是他所创立的学科王国的国王。《泰晤士报》评论说,他打开了一扇通往未来世界的大门,全世界都受他的恩惠。

埃尔利希性格独特。他在自己的领域里,具有非常广博的知识和超常的记忆力,对其他领域,他会坦率地说出自己的无知。他的阅读面较窄,主要局限于科学期刊。唯一例外的是他喜欢阅读福尔摩斯侦探故事，他认为福尔摩斯收集证据的方法与自然科学的研究方法极其相似。他与柯南道尔有些交往，在书房里，挂着这位作家的画像。他还有一个消遣方式，就是他常说的"我累了，就在家里做数学演算"。

埃尔利希没有德国名教授惯常的那种自大的作风。他性情温和、幽默，乐于助人。他不喜欢体育运动，爱乘马车，法兰克福的马车夫都与他相熟。他不修边幅，衣着随便，衬衫上写满难以辨认的符号，衣袋里装着铅笔、抹布、菜单和涂满公式、符号的明信片。他甚至穿着睡衣接待来访的科学家。他对新观念、新思想是开放的，他常说："这个理论很荒谬，但我还要试一下。"他偶尔也在实验室用简单的仪器进行一些化学操作，许多化学药品和试剂都没有标签，其名称均记在他的脑子里。

埃尔利希一生获得许多荣誉。1903年，获普鲁士金质科学奖章；1908年，因对免疫学的贡献获诺贝尔生理学或医学奖；1909年，洛克菲勒研究所给予他1万美元奖金；1911年，获李比希奖章；1912年和1913年，因对化学疗法的贡献获诺贝尔化学奖的提名，虽未获奖，但他被公认为化学疗法之父。埃尔利希一生获得了10个荣誉博士学位。1904年，被阿廷根大学聘为荣誉教授；1910年，被选为英国皇家学会的外籍会员；1914年，被聘为法兰克福大学教授，在法兰克福他受到极大的尊敬。他的研究所和住宅所在的那条街更名为埃尔利希大街。第二次世界大战以后，实验疗法研究所以他的名字重新命名，并设立了享有很高声誉的埃尔利希医学奖。

（作者：张清建）

茨维特
色谱技术的创始人

米哈伊尔·谢苗诺维奇·茨维特
(Michael Semenovich Tswett,1872—1919)

色谱分析是分析化学和有机化学中重要的实验方法。这一方法的创始人就是茨维特。著名有机化学家卡勒1947年在国际纯粹与应用化学联合会举行的会议上指出："没有哪种发现像茨维特的色谱吸附分析那样对有机化学产生如此巨大的影响，它极大地拓宽了有机化学家的研究领域。如果不使用这种新方法，在维生素、激素、类胡萝卜素和其他大量天然化学物质的研究方面，绝不可能取得如此巨大的进展和丰硕的成果。"今天，色谱技术已得到迅速的发展，并渗透到科学和技术的许多领域，在生物学、生物化学、医药学、石油化工、环境保护、食品工业等方面，都得到广泛的应用。

一、生平简介

1872年5月14日，米哈伊尔·谢苗诺维奇·茨维特出生在意大利北部小镇阿斯蒂，当时他的父母正前往瑞士，途中路过该镇。茨维特的母亲是意大利人，生下他后不久病逝；父亲是俄国人。茨维特在瑞士长大，童年在洛桑度过。1891年，他考入日内瓦大学数学物理系。1893年，获理学学士学位，并继续在该大学攻读，直至博士毕业。他对生物学、化学、物理学都有浓厚的兴趣。1894年，因对茄科植物的解剖学研究，获日内瓦大学授予的戴维奖章。1896年，通过博士论文《细胞的生理学研究》答辩，获博士学位。

1896 年夏天，茨维特随父亲返回祖国俄罗斯。他先到辛菲罗波尔，后迁到圣彼得堡，在科学院的列斯加夫特教授的实验室工作。由于他是在瑞士获得的博士学位，不被俄国当局承认，因此难以谋得合适的教职，不得不在俄国获取新的学位。

在圣彼得堡，他结识了俄国许多著名的植物学家。科学院的法明岑院士让他到自己的实验室进行硕士论文的研究工作。1900 年，在许多著名科学家推荐下，茨维特才成为圣彼得堡自然科学家协会的会员。

1901 年，茨维特完成硕士论文《叶绿素的物理化学结构》，并在喀山大学通过答辩。他原打算留在喀山，但苦于找不到合适的工作，次年 1 月，移居波兰华沙。在华沙大学他任过实验室的勤杂工、植物与生理系的助教，后升为"编外讲师"，取得讲课资格。1907 年，他担任兽医学院植物学讲师。第二年，被华沙工学院聘为高级讲师。1910 年，在华沙大学通过博士论文《植物界和动物界的色素》的答辩，获博士学位。这篇论文以专著形式出版，并获俄国科学院的阿赫马托夫大奖。在迁居华沙的 14 年里，茨维特对叶绿素进行了广泛而深入的研究，并由此创立了 20 世纪最重要的分离方法——色谱法。

1915 年，德国军队占领华沙，茨维特随工学院撤往莫斯科，随后迁到下诺夫哥罗德。在战争年代的艰难条件下，他主持植物系的教学和实验室工作，而他的健康状况也每况愈下。1917 年，他被尤里耶夫大学聘为教授。1918 年 2 月，德军进驻尤里耶夫市，8 月，他随校迁往沃罗涅日市，他的健康状况也进一步恶化。1919 年 6 月

26日，茨维特因病逝世，终年47岁。

二、色谱法的创立

1. 萌芽

1896年茨维特向日内瓦大学提交的博士论文《细胞的生理学研究》，研究对象就是叶绿体。不过，那时还只限于从细胞生理学角度看待问题，与后来推动色谱法创立的研究工作没有直接联系。色谱法的创立，与茨维特1899—1901年间在俄国科学院为完成硕士论文进行的研究密切相关。1903年在华沙所做的演讲报告中，他就指出："这项工作始于几年前我研究叶绿素在石油醚中的不溶性所做的某些实验。"在1910年出版的专著中，他再次指出："色谱法的最初线索可以在1901年的工作中找到。"

在研究中，茨维特观察到，石油醚极易溶解离析态的叶绿素和相关的色素，却不能从植物叶中直接提取出这些色素，而乙醇溶剂（甚至在其他溶液中加入少量乙醇）则很容易直接提取出植物叶中的色素。经过深入研究，他认为：这种现象并不是由于叶绿素"不溶于"石油醚而"溶"于乙醇溶剂，也不是由于叶绿素在乙醇提取过程中发生了化学变化而溶解，"这种特性很可能是由于植物组织的分子力的干扰，也就是说是由于吸附"，"石油醚对色素的溶解力小于植物组织的吸附力，而吸附力能被某些其他溶剂如乙醇所抵消。因此，即使在石油醚中加入少量无水乙醇，也能使所有的色素立即提取出来"。

为了验证自己的推测，茨维特用含有纤维素的滤纸进行了模拟实验。他先用乙醇提取出植物叶中的色素,蒸发掉溶剂,再将提取出的色素溶解于石油醚中,然后浸入滤纸。他发现,石油醚只能从滤纸上提取出胡萝卜素而不能提取出叶绿素,但在石油醚中加入少量乙醇,则能提取出所有色素,从滤纸和溶液的颜色变化很容易观察到这种现象。叶绿素可以这种方式随意由可溶态转变成不溶态,或由不溶态转变成可溶态,而不改变色素的化学性质。由于滤纸的纤维素和色素之间不存在化学亲和力,他认为,唯一的解释是它们之间存在着吸附力。

茨维特推测,既然滤纸对石油醚中的叶绿素具有吸附作用,那么,某些粉末状物质也可能具有类似的性质。茨维特进一步认识到,对这一问题进行系统的研究,"将会阐明吸附的本质,并有可能建立一种以吸附为基础的分离物质的新方法"。

1901年10月30日,即他在喀山大学通过硕士论文答辩后一个月,茨维特在圣彼得堡俄国自然科学家和医生协会的第八届会议上,做了题为《叶绿素的生理学研究方法和任务》的报告,公布了他的设想并演示了一些基本的观察现象。

2. 初创

茨维特迁居华沙后,用14个月的时间深入研究了利用吸附分离植物色素的可能性。1903年3月21日,在华沙自然科学家协会生物学家分会举行的会议上,茨维特做了题为《一种新型吸附现象及其在生物化学分析中的应用》的演讲报告。报告内容包括色素溶液的制备、粉末状物质对叶色素的吸附研究,最后提出了以"过滤"和"吸附沉淀"为基础的分离方法。

制备色素溶液，是研究的第一步。在研钵中，将新鲜的植物叶同玻璃末和镁土或碳酸钙（以中和叶子中的酸）一起迅速捣碎，加入丙酮，继续研磨，滤去悬浮微粒。在滤液中加入含10%无水乙醇的石油醚溶剂，研磨后过滤。在滤液中加水并振荡，乙醇进入水相，色素则溶解在石油醚相中。

在报告中，茨维特公布了他对100多种无机和有机吸附剂的研究结果。据他所说，他如此广泛地试验众多物质，目的是"建立一个不依赖分子结构的物质吸附的基本定律"，以及"探明这些物质对叶绿素的化学作用"。茨维特用如下三种方法来试验这些物质：

（1）将研细的吸附剂装入空心玻璃柱。该柱上粗下细，用一个小滤纸杯挂在底部小口处。倒入纯石油醚，赶尽柱内空气。然后将色素的石油醚溶液倒入柱内，进行过滤。根据颜色变化，观察吸附是否发生。

（2）将叶绿素的石油醚溶液和吸附剂加入小试管中，振荡，离心分离。

（3）对于那些吸湿性的物质，先将吸附剂倒入研钵，加入色素的石油醚提取液，共同研磨。然后，按第二种方法倒入小试管中，振荡，离心分离。

茨维特发现，在这些吸附剂中，菊粉的效果最佳。将色素的石油醚溶液与试管中的菊粉进行振荡，部分色素立即吸附在菊粉上。菊粉沉在试管底部，呈绿色，而上层清液显黄色，如用的菊粉量稍多些，溶液变成无色。加入足够量的菊粉，溶液中只留有胡萝卜素。他发现，有几种溶剂都能使沉淀上的色素释放出来，其中含

10%无水乙醇的石油醚效果最好。

碳酸钙、氧化铝与菊粉类似。他也观察到，某些物质不仅吸附叶绿素，也吸附胡萝卜素和叶黄素；极个别吸附剂还可能改变色素的化学组成。他还发现木炭的性质很特别，它吸附叶绿素的能力相当强，用纯乙醇也无法将木炭吸附的色素提取出来。

如上所述，在初期的研究中，茨维特用两种方法分离色素：一是将滞留色素的吸附剂沉淀，二是将色素溶液通过装有吸附剂的玻璃柱进行过滤。他对第二种方法做了如下描述：以菊粉做吸附剂，"将色素提取液通过吸附剂粉磨进行过滤，由此观察到的吸附现象是非常有趣的。最初从柱子底部小口流出一种无色液体，随后流出的是黄色液体（胡萝卜素）。在菊粉柱的顶部形成一条亮绿色的环，稍后，在柱的下部又出现了一个非常清晰的黄色环。然后，用纯石油醚淋洗菊粉柱，黄色环和绿色环显著变宽，并向柱下移动。……如果柱不是太长，那么，黄色环可能下移到柱底的开口，从而流出黄色的石油醚溶液。……绿色环内也存在差异，深蓝绿色在环的下部，黄绿色在环的上部"。

这显然与色谱分离毫无二致。然而，这并不是茨维特最偏爱的分离技术。他最推崇的方法是他所称的"分步差示吸附沉淀提取法"。此法将色素溶液与吸附剂混合，色素吸附在吸附剂上沉淀下来，再用合适的溶剂提取出色素。然后在色素中加入无水乙醇（含80%）和石油醚混合溶剂，色素在两种溶剂中分配，从而分离成单一色素，可根据紫外吸收光谱进行鉴定。他用这种方法从植物叶中分离色素，结果得到纯的胡萝卜素、叶黄素α、叶黄素β和叶绿素。

综上所述，可知茨维特已经清楚地描述了现今称为柱色谱的基本原理，只是他没有使用这一术语。他于1903年所做的演讲报告，两年后才发表在俄国的一家地方刊物上。因此，在1906年他在著名刊物《德国植物学报》发表两篇重要论文前，他的成果实际上无人知晓。尽管如此，演讲的发表日——1903年3月21日，仍应作为色谱法的诞生日。

3. 发展

在1903年演讲后的几年时间里，茨维特异常沉寂，几乎没发表过论文，但他并没有闲下来，他在进一步发展他的分离技术。

1906年6—7月间，茨维特向《德国植物学报》连续投寄了《叶绿素的物理化学研究》和《吸附分析与色谱法》两篇论文，详细描述了他创立的新方法及其在叶绿素化学上的应用。"色谱"一词最早出现在这两篇著名论文中。在第一篇论文中，他写道："像光谱中的光线一样，色素混合物的不同成分有规律地排列在碳酸钙柱上而彼此分离，由此可以进行定量和定性鉴定。"茨维特称这种有规律的排列图案为色谱图，相应的方法为色谱法。

在这篇论文中，茨维特虽然仍讨论差示沉淀和提取的可能性，但其主要目的是解释与吸附有关的现象。他指出，色谱法是在吸附剂柱上进行的用溶剂提取色素的分离方法。他写道："存在确定的吸附顺序，各种物质都按这个顺序互相取代。下面最重要的应用，就是根据这一规律。将叶绿素的石油醚抽提液，通过装有吸附剂的柱子进行过滤（我常用碳酸钙做吸附剂，将它装在一小玻璃管中，压紧）。这些色素就会按照吸附顺序，从上至下沉积在不同的色带上而彼此分离。这是因为强吸附色素要取代弱吸附色素。如再用纯溶剂冲洗柱子,各色层将进一步展开。"然后,用木棒小心地将吸附剂从管子中推出,放在平板上,用刀把各色环层切开,再分别将它们溶解在合适的溶剂中。这样就能得到纯度很高的各种色素。

在第二篇论文中,茨维特描述了一套组合装置,它由直径为2—3毫米、高30—40毫米的多个小色谱柱构成,并可加压。茨维特详细描述了制备高效色谱柱的方法,指出必须用颗粒细小均匀的吸附剂,太粗则色谱图的界限模糊不清。吸附剂对于被分离的化合物在化学上是惰性的,以免改变被分离物质的化学性质。茨维特认为最合适的吸附剂是碳酸钙、蔗粉和菊粉。

这篇论文还涉及合理使用溶剂的问题。茨维特指出,不同的溶剂对组分(指混合物中的各个成分)有不同的影响。在某些情况下,改变溶剂或在已用溶剂中加入另外的溶剂,可使试样组分更好地分离。

茨维特指出,尽管他主要研究植物色素,但色谱技术并不限于植物色素,其他物质无论是有色的还是无色的,是有机物还是无机物,均可适用。

在论文中,他详细说明了从绿色植物叶中分离色素的方法,包括使用不同溶剂和用紫外吸收光谱鉴定分离的化合物。

4. 完善

1910年,茨维特的博士论文《植物界和动物界的色素》以专著形式出版。这部著作对动植物色素尤其是叶绿素的研究工作进行了总结,并专门论述了吸附和色谱法。尽管多数材料取自原先的论文,但也包含不少新的内容。例如,他试验的吸附剂扩大到126种,精心研究了取代吸附现象,确定了吸附序列;再次强调了吸附剂对分析组分的化学惰性的重要性。在溶剂方面,他研究了23种不同溶剂及使用混合溶剂的可能性,认为苯和二硫化碳是最优溶剂,但他强调"每种溶剂都有其优缺点和自身适用的范围"。

他详细论述了分离混合组分的机理,认为是被吸附物质在溶剂流的作用下的迁移过程。他写道:"由于不同物质通常具有不同的吸附常数,合适的溶剂通过吸附剂柱时,被吸附物质将以不同的速率运动,因而逐步分离成独立的吸附色带。"

他还提出了在20世纪30年代后广为使用的淋洗技术。他写道:"由于叶黄素α色带和叶黄素β色带在苯中的迁移速度很快,因此,可以用苯分别将这两种色素从柱上淋洗下来,使它们彼此分离。"

他还描述了一套大的色谱装置:柱直径30毫米,他认为这是一个近似的上限,太大则会导致溶液非均匀流出;柱长80毫米,太长则溶液流得慢。他指出,这种大的色谱柱可用于制备目的。

总之,茨维特这部专著对色谱法的各个方面进行了详尽无遗的论述,可以称得上是一部详细的色谱法大全,直至今天仍有重要的参考价值。

三、色谱法的埋没与复兴

虽然茨维特1903年的演讲和1910年的著作只以俄文发表,但他的绝大多数论文(包括1906年的两篇重要论文)都发表在西方著名的科学杂志上。1907年,他在德国植物学会举行的一次会议上,还演示了色谱技术。然而，在20多年时间里，他的新分离方法并没有受到科学界的重视。其中一个重要原因是德国著名化学家维尔斯太特对色谱法的排斥和不信任。维尔斯太特是植物色素尤其是叶绿素化学领域的权威，他在1915年获诺贝尔化学奖就是因为"在叶绿素化学领域的卓越贡献"。很自然，他的态度对人们接受和使用色谱法具有举足轻重的作用。而茨维特本人是植物学家而非有机化学家，对于当时的欧洲化学界来说，他显然是个局外人。1913年，维尔斯太特在其名著《叶绿素的研究》中称色谱法是一种"离奇的方法"，认为它不适用于制备工作。他写道："色谱法只能在试样很少的情况下使用，似乎不适用于制备目的。……在叶绿素组分的分离过程中，尚不知如何避免叶绿素的变异。"在随后发表的一篇论文中，他仍持相同的观点："茨维特认为我们分离的叶黄素是2—3种叶黄素的同晶型混合物。这位尊敬的植物学家的假设，同他的许多观察一样，不可能是正确的。很可能，叶黄素在茨维特的色谱分析过程中由于氧化的结果，发生了化学变化。因为在吸附的情况下，极易发生氧化作用。"这是由于维尔斯太特和他的助手在实验中使用了不合适的吸附剂所致。茨维特也曾观察到，叶绿素在某些吸附剂上可能分解，于是建议使用菊粉或蔗粉做吸附剂。遗憾的是，茨维特的忠告没有引起维尔斯太特的注意。

在酶的研究中，维尔斯太特的实验室也使用过色谱法。他的观点开始转变。在1928年出版的有关酶的专著中，他写道："尽管茨维特的方法不适用于制备工作，但他通过吸附将叶色素的混合物分离成各组分，虽然只是在分析规模上。""茨维特用色谱吸附法研究叶绿素及其衍生物，获得了重要成果。但这种方法不适用于更大规模的工作，即制备目的。"他仍然强调色谱法不适用于制备目的，但似乎承认，在小规模的分析方面，这种技术是重要的。

维尔斯太特过分强调制备工作，这也反映出当时有机化学家的一种普遍态度。19 世纪后期到第一次世界大战前，有机化学家的主要兴趣是合成与分离提纯。他们用萃取和结晶的方法，从千克级的产物中分离出一两种重要化合物，而没有兴趣分离产物中的所有组分，也不需要以非常少的试样进行研究。其实当时无机化学又何尝不是如此呢？居里夫妇因为从 8 吨矿渣中分离出 1 克纯氯化镭而备受推崇。因此，茨维特的技术是超越其时代的，只有在化学家认识到在少量试样的情况下进行全分离的重要性后，色谱法才会被人们真正接受。如色谱学家施瓦布在 1937 年指出的那样：

> 在天才的俄国植物学家茨维特创立这种方法并成功地用于植物色素的提取后，这项技术在文献中被埋没了 25 年之久。只有在新问题的压力下，生物化学迫切需要分离数量少、性质极端相似的化合物的可靠方法之后，色谱法才能获得迅速而辉煌的复兴。

当然，茨维特的方法并没有被完全遗忘，仍有极少数植物学家和生物化学家用它来研究叶色素。瑞士弗里堡大学的德黑尔 1911 年开始使用色谱技术，发表了《叶绿素的紫外吸收光谱和荧光发射光谱》《无脊椎动物中色素的研究》等论文。美国科学家帕尔默于

1913年利用色谱技术完成了博士论文《胡萝卜素——牛奶脂肪中重要的天然色素》。1922年，帕尔默出版了研究类胡萝卜素的专著，详细描述了茨维特的工作和技术。这部著作对色谱法的复兴具有重要作用。

1930年9月，奥地利年轻的研究生莱德雷尔到海德堡大学库恩教授领导的化学研究所研究类胡萝卜素。他为证实库恩提出的蛋黄中的叶黄素是叶黄素和玉米黄质的混合物的假设，需要进行精密的分离。他对文献进行了仔细考察，从帕尔默的著作中了解到茨维特的色谱技术。1930年12月，在库恩的指导下，他用碳酸钙做吸附剂，在一个小色柱中成功地制备出叶黄素和玉米黄质。随后，他又做了一个直径7厘米的更大的色谱柱，对用100个鸡蛋制备的"叶黄素"溶液进行分析，结果证明库恩的假设是正确的。1931年，库恩和莱德雷尔在德国《自然科学》《德国植物学报》《霍佩·赛勒生理化学学报》发表了三篇论文，公布了他们的研究成果。这标志着色谱法的复兴。

随即，瑞士的卡勒、鲁口奇卡和匈牙利的策希迈斯特等科学家迅速掌握了这项"新"技术，在天然有机化合物的研究中取得了极为丰硕的成果，并推动了色谱技术的进一步发展。卡勒在1937年，库恩在1938年，鲁口奇卡在1939年相继获诺贝尔化学奖。从此以后，色谱法得到普遍认可，成为最有效的分离提纯手段。

(作者：张清建)

埃弗里

约克大道的奇才

奥斯瓦尔德·西奥多·埃弗里
(Oswald Theodore Avery, 1877—1955)

洛克菲勒大学位于美国纽约市约克大道第 63 至 68 街，前身为洛克菲勒医学研究所，由洛克菲勒捐资创办于 1901 年，1965 年更名为洛克菲勒大学，以产出众多诺贝尔奖得主享有盛名（截至 2022 年底，共有 26 位学者获得诺贝尔奖）。在这样一个名家云集的科学圣地，有一位未获此殊荣却无法被历史遗忘的人，他就是细菌学家、免疫化学先驱、分子生物学奠基人之一的奥斯瓦尔德·西奥多·埃弗里。因 1944 年发现 DNA（脱氧核糖核酸）是遗传物质而对生命科学产生重要影响，1958 年因细菌基因重组获诺贝尔生理学或医学奖的莱德伯格认为，埃弗里的工作"搭建了一个 DNA 现代研究的历史性平台"，"预示着遗传学及生物医学的分子生物学革命"。埃弗里虽未获诺贝尔奖，却得到很多其他荣誉，其中重要的有 1945 年科普雷奖和 1946 年拉斯克奖，还担任了许多科学学会的会员，如美国科学院院士和伦敦皇家学会会员等，被 1978 年拉斯克奖得主奥斯特里恩誉为"约克大道的奇才"。

一、生平述略

埃弗里 1877 年 10 月 21 日出生于加拿大新斯科舍省的哈利法克斯，父亲是英格兰后裔，浸礼会牧师，1887 年全家移居美国纽约。埃弗里童年生活的街区到处充斥着贫穷和混乱，但因为父亲工作的缘故，他有机会接触一些富人，洛克菲勒就曾向他父亲赠送50美元支票并发出家庭聚会的邀请。他成年后温文尔雅的外表与寡言少语、坚忍收敛的个性，很难说与这种成长经历无关。1893年，从纽约男生语法学校高中毕业后，埃弗里进入纽约州汉密尔顿的科尔盖特学院，三年后进入科尔盖特大学，1900年毕业获文学学士学位。然而，不知是由于家庭生活与宗教慈善事业有着密切关系的缘故，还是由于对医学发展前景的关注，1900年，没有一点自然科学基础的埃弗里却选择了去学医。他后来的同事、为其撰写了传记《教授、实验室和DNA》的勒内·迪博认为，或许是幼年时母亲的一次重病和莫名其妙的起死回生对他选择学医产生了影响。1904年，他从哥伦比亚大学内外科医师学院毕业，获得医学博士学位，并在纽约开始临床实习。临床工作使他感到沮丧，倒是英国细菌学家赖特爵士关于免疫调理素的演讲吸引了他，于是他申请了纽约城市卫生委员会资助去研究调理素，并通过同学结识了霍格兰实验室细菌学部主任怀特，1907年实习结束后来到霍格兰实验室。在这里，他开始了"通过化学结构了解致病菌生物学特性的系统学习和工作"，并承担护理学生的教学工作，因为博学和循循善诱赢得了一个终生享有的可爱昵称"教授"。埃弗里最初的工作是乳酸菌研究，1910—1913年间，因怀特患肺结核而转向肺结核研究并发表了系列研究论文，正是这些论文吸引了洛克菲勒医学研究所医院首任院长鲁弗斯·艾沃里·科里的注意及三顾茅庐的邀请。1913—1943年，埃弗里在研究所正式工作了30年，但直到1948年才真正离开，在田纳西州纳什维尔和家人一起度过了他生命中的最后时光，1955年

2月20日因肝癌去世。

二、研究工作及主要成就

埃弗里绝大部分时间从事肺炎球菌方面的研究，主要成就包括1928年前肺炎球菌免疫化学研究和1944年DNA是遗传物质的发现。埃弗里在1913—1948年间的工作大致可分为以下几个阶段：

1. 1913—1919年：肺炎抗血清研究

1901年研究所成立时的目标是在美国打造一个一流的专门医学研究机构，在首任所长弗莱克斯纳主张下确立了以化学为基础的医学研究方向。结合当时美国疾病流行状况，大叶性肺炎、脊髓灰质炎、风湿热、心脏病和肾病等成为研究所科学家们关注的对象，弗莱克斯纳本人研究脊髓灰质炎，而被奥斯勒爵士称为"头号死神"、每年夺去5万名美国人生命的肺炎球菌则是1910年成立的研究所医院院长科里的主要研究方向。1913年前，德国科赫研究所的诺伊费尔德已将肺炎球菌分为Ⅰ、Ⅱ、Ⅲ三型。1913年，科里小组正致力于肺炎球菌抗血清研究，多切兹被安排对纽约患者感染的肺炎球菌进行类型鉴定。同年，多切兹报告除诺伊费尔德发现的Ⅰ、Ⅱ、Ⅲ型肺炎球菌之外，还有毒力较弱的Ⅳ型。科里小组还研制了针对Ⅰ型肺炎球菌有效的抗血清。埃弗里到研究所后的工作就是与多切兹合作对患者血清肺炎球菌进行分型鉴定及抗血清研制。1916年，他与多切兹共同发表文章，报告抗血清虽不能将肺炎球菌杀死，却能抑制肺炎球菌某些氨基酸和碳水化合物代谢，并将这种作用称为"抗生性免疫"，认为"抗生性免疫"是通过降低某种酶活性实现的。这种假设遭到了包括科里在内的所里其他科学家质疑，他们认为其作用机制更可能是通过抗体。这一次的经历使埃弗里在日后发表学术观点时变得极为谨慎和深思熟虑，甚至影响了20多年后他对待自己的重大发现的态度。1917年，二人合作发现有荚膜的肺炎球菌感染的患者血清和尿液中含有特异性可溶性物质（Specific Soluble Substance，简称SSS），且与致病性有关。

研究一度因美国参加第一次世界大战而中断。1917年埃弗里加入美国陆军医疗队，1918年参与大流感研究并负责军队医官急性呼吸系统疾病诊断方面的培训工作，培训内容主要结合他在肺炎球菌方面的研究进展，这些内容在后来他又讲给研究所年轻同事们听的时候，被同事们奉为经典。

2. 1919—1929年："糖衣微生物"研究

第一次世界大战结束后，埃弗里又回归到肺炎球菌研究，认为要彻底弄清抗血清作用机制，必须先弄清SSS的化学本质。1922年，医院化学实验室的海德伯格在埃弗里多次邀请下加入对SSS的研究，1923年发现SSS是存在于肺炎球菌荚膜的多糖且具有抗原特异性。这一发现挑战了只有蛋白质才具有抗原性的传统认识，肺炎球菌也因此被埃弗里称为"糖衣微生物"。为进一步排除实验中混入蛋白质的可能性，埃弗里又邀请有机化学家戈贝尔加入，1925—1926年发现组成多糖的方式不同，细菌的类型就不同，且致病性不同。与海德伯格和戈贝尔的合作研究使埃弗里认识到有荚膜糖衣具有致病性，要消除其致病性，埃弗里考虑是否能找到可以将糖衣瓦解的物质。1927年，当海德伯格离开研究所时，埃弗里喜遇土壤微生物专业毕业的迪博，他热切地将希望寄托于迪博微生物降解方面的专长，迅速为迪博争取到了奖学金并开始与其合作。1929年，迪博果真分离出能够降解Ⅲ型肺炎球菌糖衣的酶，之后二人继续对这种酶进行纯化。这也成为埃弗里在20世纪30年代的核心研究方向，直到磺胺类药物出现才停止。

1919—1929年的研究工作依然是为了找到能够在临床上有效治疗肺炎的方法，然而随着研究的进行，埃弗里的工作越来越倾向于基础研究，埃弗里小组的工作在无形中打开了细菌学、免疫学和化学研究的新领域，埃弗里、海德伯格等也因此成为免疫化学研究的先驱。

3. 1928—1940年：细菌转化的早期研究

细菌转化的研究工作开始于1928年"格里菲斯实验"后。1923年，英国卫生署的格里菲斯发现Ⅰ、Ⅱ、Ⅲ和Ⅳ型肺炎球菌都有S型（平滑型）和R型（粗糙型），S型具有致病性而R型不具有致病性，R型和S型可以相互转化。关于S型具有致病性的认识，埃弗里的早期研究与格里菲斯研究具有一致性，但关于R型与S型转化，二人的观点有不同之处。1922年，埃弗里研究发现Ⅰ型和Ⅱ型肺炎球菌在疾病恢复期会消失，取而代之的是毒力较弱的Ⅳ型肺炎球菌，并认为这种转变是由型突变造成的。格里菲斯则认为这种转变正是S型向R型转化的结果，与埃弗里在临床上的发现并不矛盾，甚至可以为其提供佐证。1928年，格里菲斯又报告了进一步的实验，即"格里菲斯实验"：将Ⅱ-S型细菌以高温杀死，再将其残骸与活的Ⅰ-R型肺炎球菌混合，实验结果显示此组合可将宿主小鼠杀死，而且从这些死亡的小鼠血液中可分离出活的Ⅱ-S型与Ⅰ-R型细菌。格里菲斯由此得出结论，认为Ⅰ-R型肺炎球菌被死亡的Ⅱ-S型肺炎球菌所含的一种"转化因子"转化而成为具有致病性的Ⅱ-S型。在这个实验中，不仅有R型转化为S型，而且还有Ⅰ型向Ⅱ型肺炎球菌的转化。"格里菲斯实验"挑战了20世纪20年代以来的传统认识。传统观点认为R型转化为S型是适应环境的结果，而Ⅰ型向Ⅱ型的转化则是物种的转化。埃弗里也因此在开始时并不相信"格里菲斯实验"的有效性，他认为肺炎球菌的特定型是稳定的，且可通过研究有效对抗物来实现对肺炎的治疗。一种型向另一种型的转化挑战了传统的细菌学理论，也使临床更加困惑。可是不久，德国的诺伊费尔德和洛克菲勒医学研究所的同事都验证了"格里菲斯实验"。1929年，研究所的道森和中国学者谢和平完成了体外实验。1930年道森离开研究所，阿洛维又将实验推进一步。阿洛维将S型细菌打碎后过滤，使细菌的外壳和未完全粉碎的细菌被过滤掉，将提取物放在R型细菌培养基中，结果发生了转化。实验结果表明，是转化因子导致了细菌由一种型转化为另一种型，且这种转化因子可以用酒精萃取为固体物质。埃弗里最终不情愿地接受了格里菲斯的观点，然而当他一旦接受，便立刻预见到这可能给细菌学及医学带来的影响，1932年他与阿洛维共同发表了关于转化研究的论文。1934年夏，埃弗里与刚到研究所的麦克劳德合作，继续进行转化因子的实验。此时埃弗里患上了格雷夫斯病，并于1935年做了甲状腺手术。尽管他对麦克劳德的工作依然关注，可身体状况却使他不能全身心投入到研究工作中。1934—1937年间，麦克劳德从有荚膜Ⅱ

型肺炎球菌中分离出易发生转化的 R 型毒株，该毒株被用于以后的绝大部分转化实验。麦克劳德的转化实验比以前更加稳定，并采用了新方法提取转化因子，此后研究陷入低谷而停止，直到 1940 年才恢复。1928—1940 年间关于细菌转化的研究，是埃弗里除糖衣降解核心研究之外的一个关注点，而非主要研究方向。

4. 1940—1944 年：转化因子研究

1940 年，埃弗里又开始关注细菌转化研究。同年，麦克劳德离开研究所去了纽约大学。1941 年麦卡蒂加入，与埃弗里共同完成后面的研究工作，即转化因子的提纯。对麦克劳德的方法进行改进之后，他们从肺炎球菌样本中得到了具有生物活性的转化因子。此时的埃弗里越来越全神贯注于转化因子的纯化和鉴定工作。最初的研究中，转化现象是不稳定的，难以在细菌培养中稳定传递下来。埃弗里日后回忆说，很多时候他都想把这东西从窗户丢出去，但经过坚持不懈的努力最终获得了成功：他们将由 II-S 型转化而来的 R 型肺炎球菌培养 30 代后，再在培养基中加入从 III-S 型肺炎球菌中提取出来的高纯度的转化因子，结果发现在下一代中产生了大量的 III-S 型肺炎球菌，并可保持几代稳定传递。转化因子到底是什么？埃弗里和麦卡蒂研究发现蛋白酶和脂肪酶不能够抑制其活性，于是认为转化因子不是蛋白质或脂类物质，但也不是像荚膜糖衣一样的物质，因为糖类不可以用酒精萃取。他们很快又发现这种物质富含于核酸中，不是 RNA（核糖核酸），因为能够破坏 RNA 的酶不能破坏也不能激活转化因子。他们又发现转化因子具有高分子量，最后通过 DNA 分子鉴定实验证明转化因子是 DNA。由此埃弗里得出结论：这种引起转化和细菌稳定遗传特性变化的物质是 DNA。

这一结论是具有挑战性的，因为当时的传统观点认为 DNA 分子结构简单，不可能是遗传物质，只有结构更加复杂的蛋白质才可能是遗传物质。埃弗里预见到这一结论的挑战性有可能使早年与多切兹合作引发的质疑再次出现，1943 年 4 月，埃弗里与麦克劳德、麦卡蒂三人首先向研究所科学顾问委员会递交了研究报告，在提请研究所内科学家对此进行充分的评估和审查后，1943 年底才提交发表论文，1944 年正式发表，即《导致肺炎球菌类型转化的物质的化学研究：Ⅲ型肺炎球菌脱氧核糖核酸片段诱导的转化》。

5.1944—1953 年：发现验证阶段

即使埃弗里在发表成果时已经非常严谨并经过深思熟虑，但成果在发表之后的数年里仍饱受争议，研究所生化遗传学家艾尔弗雷德·埃兹拉·米尔斯基数次在研究所及公开场合声称提取物中混入了蛋白质，而混入的蛋白质才是遗传物质。作为埃弗里的同事，米尔斯基的影响是不可低估的，尽管埃弗里和麦克劳德也曾在 1946 年对其工作进行说明，在当时对生物医学研究极具影响的冷泉港会议上也做了相关报告，反对声音却一直都没有停止，直到 1952 年冷泉港实验室赫尔希和蔡斯实验成功及 1953 年沃森和克里克 DNA 分子双螺旋结构模型确立后，质疑声才渐渐散去。为此，埃弗里的验证性工作始终在进行，此时的合作者是霍奇基斯。后来的研究证明，混入的蛋白质不超过 0.2%。

1944 年埃弗里 67 岁，可谓大器晚成的科学家，然而他是"一个拥有无尽求知欲和为此不懈努力"的科学家。埃弗里几乎把全部精力都用在研究上，他非常严格地将个人生活和工作分开，同事们几乎从未听他谈及个人感情及家庭方面的事情，这种态度甚至反映在他对他人工作的评价中。1943 年，因发现人类血型而荣获 1930 年诺贝尔生理学或医学奖的兰德斯坦纳去世，埃弗里受邀为其写讣告，在编辑几次恳请他对兰德斯坦纳的个人生活做些评价时，他都以"实验室之外的事情与科学家的成就无关"为由拒绝。除了在实验室的工作，埃弗里每天最快乐的事情就是与他的室友、另一个单身汉多切兹的午夜畅谈。多切兹后来离开了研究所，但直到 1948 年埃弗里离开研究所，二人始终合住一个公寓。在多切兹撰写的回忆录中，他认为埃弗里"在这里感到满足和愉快"，"这里有发挥他全部细菌学研究兴趣的环境"。迪博 1927 年来到研究所，他工作的地方紧挨着埃弗里狭小的办公室，因为埃弗里习惯于不关上自己办公室的门，迪博便有很多机会看到办公室里埃弗里的状态：

> 在他很少有的自己独处的时候，他愿意慢慢地在自己实验室的一端走到另一端，轻轻地哼着歌剧《特里斯坦与伊索尔德》里单调的牧羊曲。他的凝视仿佛直指他的内心深处，那沉思着的额头似乎使他的身躯显得更加瘦小。有那么一瞬间，他似乎远离了这个外在的世界，而这种凝神思考又会在有人来打扰的时候立刻消失，转而回到现实中来……

在研究所工作的 35 年里，这种凝神思考给很多同事留下了深刻印象。除这种"简单的逻辑思考"外,"完美的实验过程及完全的客观性"与"最少的机械实验"等都被他的同事们用来形容他的工作状态。他忌讳那种动手不动脑的工作,从他对多切兹工作的赞许可以看出这一点,他说自己"从来没见过他(多切兹)匆匆忙忙把什么东西从一个试管里拿出来,毫不思考为什么就放到另一个试管里"。埃弗里总能发现问题并为此学习新知识,总能与他人合作使研究取得新突破,有人说,"科里选择了人",而埃弗里则"用了他们的脑"。面对荣誉,埃弗里保持着令人难以置信的泰然和低调,他经常讲的一句话是:"吹泡泡是非常令人愉悦的一件事,然而你自己必须是第一个刺破那些泡泡的人。"1944 年他被授予英国剑桥大学荣誉学位,1945 年获得科普雷奖。令人啼笑皆非的是,他以自己身体状况不好而只能乘坐头等舱,但又付不起费用为由,两次拒绝了去英国的邀请。当伦敦皇家学会会长梅达沃亲自到洛克菲勒医学研究所为他送奖章时,却看见埃弗里正独自专心致志于他的试管和培养基,便与随行人员在埃弗里察觉之前悄悄离开了实验室。迪博认为,这是因为他们理解埃弗里就是这样的科学家,他"痛恨自己的工作被打扰"。

三、为什么与诺贝尔奖擦肩而过?

埃弗里一生有两项发现使其获得诺贝尔奖提名,瑞典生化学家、1948 年诺贝尔化学奖得主蒂塞利乌斯认为"埃弗里的工作使其成为最该获奖的人"。然而,就是这样一个"最该获奖的人",多次被提名却多次未果,多年以后仍有诸多学者对其原因进行探析。

1970年，1946年诺贝尔化学奖得主斯坦利撰文称埃弗里的发现是"没有被发现的"发现，认为20世纪30年代列文"四核苷酸假说"的主流影响及人们对蛋白质结构多样性所寄予的高度期望，对同期其他科学家的工作如"查加夫法则"及赫尔希和蔡斯实验等的关注，瑞典科学家关于DNA和蛋白质的研究进展，以及战争对科学家工作方向的调整和科学家的身心疲惫等，都使这一发现理所当然地被忽视；埃弗里本人在对待这一发现态度上的过于严谨和低调，洛克菲勒医学研究所的科学家对其发现的保守态度甚至是质疑等，都是导致其未能获奖的原因。同年，英国爱丁堡大学的波洛克在第3届格里菲斯纪念大会上以《DNA的发现：一个充满机遇、偏见和真知的讽刺性故事》为题发表演讲，为埃弗里的工作鸣不平。此外，还有很多科学家对埃弗里的工作都给予了高度评价。据查加夫回忆，他正是在看了1944年埃弗里的文章之后，才将研究方向调整到DNA并发现了"查加夫法则"，因此在1947年去瑞典时积极提名埃弗里为诺贝尔奖候选人。伦敦皇家学会会长梅达沃认为埃弗里的研究是"20世纪最令人关注和惊讶的生物学实验"。莱德伯格曾于1972年写信给当时诺贝尔委员会委员卡斯佩松询问原因，卡斯佩松在回信中说，第二次世界大战中德军的封锁致使瑞典科学家直至战争结束前都无法了解埃弗里早年在免疫化学方面的工作及后来对DNA的认识。至于莱德伯格询问的1944—1955年这段绝大部分在战后的时间里埃弗里多次被提名却未能获奖的具体原因，卡斯佩松认为需要在诺贝尔委员会资料解密之后方可说明。2002年，瑞典卡罗林斯卡医学院生化学教授、当年诺贝尔委员会委员哈马斯滕的学生、1971—1991年诺贝尔委员会委员赖卡德的文章《奥斯瓦尔德·埃弗里与诺贝尔医学奖》为后人了解这段历史提供了帮助。文章回忆，1944年前的卡罗林斯卡医学院有25名教授，除哈马斯滕在洛克菲勒基金会支持下的研究工作之外，很少有人从事基础研究。卡斯佩松曾是哈马斯滕的学生及后来的主要合作者，1944年时也是卡罗林斯卡医学院教授。卡罗林斯卡每年一度的评奖，首先由这25名教授对获得提名的项目进行口头或书面评估，最后由声望较高的3名科学家组成委员会做出最终决定：不值得奖励、目前不值得奖励或值得奖励。根据赖卡德的文章，埃弗里的提名因缘由不同可分为三个阶段：1932—1945年、1946—1951年和1952—1955年。1945—1955年间，哈马斯滕一直担任诺贝尔委员会委员，另外几位参与评定埃弗里工作的委员分别是卡斯佩松及其合作者、细菌学教授马尔姆格伦，以及卡罗林斯卡医学院化学系主任特奥雷尔，后者作为提名者参与奖项竞争并最终成为1955年诺贝尔生理学或医学奖得主。考虑到这一情况，赖卡德认为："不难想象，在这种情形下，无论是卡斯佩松还是特奥雷尔，谁都不会强烈支持埃弗里得奖。"文章对不同阶段的详细情况也有说明。

第一阶段：1932—1945年间埃弗里因肺炎球菌荚膜多糖抗原特异性研究每年都被提名。这期间共做了四次书面评估报告，其中一个报告由哈马斯滕完成，但无论是哪一个，结论都是"不值得奖励"。

第二阶段：1946—1951年间是针对DNA是遗传物质的提名。自1946年起，有科学家开始以"DNA的细菌转化"被提名，以后每年也都有。1946年哈马斯滕的评估以"埃弗里的DNA混入了蛋白质，蛋白质才是转化因子"为结论致使历史重演。赖卡德认为，基于同样研究DNA的学术背景，哈马斯滕"理解埃弗里要把蛋白质努力从DNA中分离出去所面临的困难"，他根本就不相信埃弗里有办法将蛋白质从DNA中分离出去，认为正是这些没有被分离出去的蛋白质携带了遗传信息。除这样的认识之外，此时的哈马斯滕对同位素标记法很感兴趣，热衷于此法对核酸合成及其与蛋白质合成之间关系的研究，但最终因没有合适的光谱仪而未能成功。所以关于DNA和蛋白质及其之间的关系，哈马斯滕没能搞清楚。由此看来，哈马斯滕的研究背景和学术倾向使其轻易地忽视了埃弗里的研究成果。除哈马斯滕之外，另一位委员卡斯佩松此时正热衷于光学仪器制造和核酸与蛋白质紫外线光谱分析，并且取得了一定成果：1940年前发现RNA参与蛋白质合成，1946年发现昆虫染色体上的DNA位于特定区域并参与基因复制。但卡斯佩松并没有沿着这条思路深究下去，和同时代的其他科学家一样，他认为只有蛋白质结构的多样性才为基因的功能提供了可能，DNA在基因复制中的作用是为蛋白质由小分子聚集成大分子提供支架，无论是RNA还是DNA，其在蛋白质合成中都只起辅助作用。赖卡德认为哈马斯滕之所以不相信埃弗里的结论，还因为受到了卡斯佩松的影响。就这样，诺贝尔委员会的专家们基于"蛋白质才可能是遗传物质"的一致观点，很自然地否定了埃弗里的提名。可是，就在埃弗里研究被否定之后的几年里，不断有人报道DNA在遗传中的作用，这不得不使诺尔委员会在1952年对埃弗里的工作进行重新评定，这也是第三阶段的开始。

第三阶段：1952—1955年间依然是针对DNA是遗传物质的提名。1952年的评定由马尔姆格伦完成。因为此前其他人的实验研究也将遗传物质指向DNA，马尔姆格伦的报告认为埃弗里所说的遗传物质不太可能是混入的蛋白质，但因缺乏最后证据而"目前不值得奖励"。埃弗里的提名再一次石沉大海。1952年赫尔希和蔡斯实验被学术界广泛认可，1953年DNA分子双螺旋结构模型确立，此情此景下的诺贝尔委员会于1954年由哈马斯滕对埃弗里工作进行了历史上的最后一次评定。报告很简短，这一次哈马斯滕接受了DNA是遗传物质的观点，并指出这一发现具有重要意义，但鉴于其机制尚不清楚，埃弗里的工作仍然是"目前不值得奖励"。关于这一次否定，赖卡德认为，1926年诺贝尔生理学或医学奖的颁奖错误对评估埃弗里的工作产生了影响，哈马斯滕选择对埃弗里的研究结果继续考验情有可原，然而埃弗里于1955年去世；况且二羧酸循环的发现和脊髓灰质炎研究作为1953年和1954年的强有力竞争者，以及卡斯佩松本人参与化学奖角逐，都大大冲击了埃弗里的竞争力。如果埃弗里可以活得更久，是否有机会在以后的时间里获奖？赖卡德做出这种假设，在谈到1958年、1959年和1962年因DNA研究获奖的莱德伯格、科恩伯格、沃森、克里克和威尔金斯，以及此后诺贝尔委员会的人员变动时，表达出为埃弗里不能得奖的深深遗憾。赖卡德的解释有其合理性，但除却这些因素，是否还有鉴于赖卡德和哈马斯滕师生关系而不能直言的个人原因呢？

四、结语

埃弗里一生中绝大部分时间里都在实验室里度过,其成就在分子生物学、细菌遗传学及免疫化学发展史上具有里程碑式意义。他所取得的成就与他的个人秉性和研究所都密不可分。埃弗里虽已故去,但从他曾讲过的这段话尚可感知其关于科学工作的态度及在洛克菲勒医学研究所工作时的感受:

> 一般来说,(科学家)无疑是工作在为人类谋福利的岗位上……自古以来就有一个传统,科学研究没有鲜明的旗帜和地理疆界,更没有贸易壁垒。完全的科学思想和知识的自由交流,是一切科学探索成功的前提,这些条件对于科学共同体而言,就如同《人权法案》对于民主生活一样重要。

在埃弗里的内心,洛克菲勒医学研究所拥有这样一个共同体,研究所为这个共同体提供了完全的科学研究的自由。埃弗里就是这样和这个共同体中的成员们一起,遨游在科学探索的海洋里,并成为洛克菲勒大学历史上非常重要的一位科学家。1965年9月25日,在洛克菲勒医学研究所正式更名为洛克菲勒大学的那一年,一座纪念碑在洛克菲勒大学的西北角竖立起来,灰色的大理石上只简单地刻着埃弗里的名字、生卒年、在洛克菲勒大学工作的时间。

简约的石碑犹如埃弗里的一生,永远定格在洛克菲勒大学校园里，默默告诉人们科学家成长的环境和个人秉性对于科学成就的取得是多么重要，一项科学发现乃至被世人接受是多么艰难，然而其功绩又是怎样被后人所铭记。

（作者：张艳荣）

罗莎琳·萨斯曼·耶洛

放射免疫测定发明人

罗莎琳·萨斯曼·耶洛
(Rosalyn Sussman Yalow, 1921—2011)

20世纪是生命科学迅猛发展时期，许多领域包括分子生物学、免疫学和内分泌学等都取得重大突破，而推动科学发展的重要动力之一在于技术上的重大革新。20世纪50年代，许多激素包括胰岛素、甲状腺素、甲状旁腺素和促肾上腺皮质激素等已被发现并具有了广泛临床应用，但由于这些物质在体内含量极低，因此对它们浓度的精确测定成为科学界的一大挑战，这也成为探索这些激素生理功能及作用机制的障碍之一。1959年，放射免疫测定（RIA）技术的发明则极好地解决了这个问题，引发内分泌学及相关研究领域的一场革命。RIA是美国两位科学家罗莎琳·萨斯曼·耶洛和所罗门·亚伦·伯森合作完成的，罗莎琳也因此于1977年荣获诺贝尔生理学或医学奖，遗憾的是伯森意外早逝而无缘分享这份荣誉，但罗莎琳在获奖词中对伯森的贡献给予极高评价。罗莎琳是20世纪为数不多荣获诺贝尔科学奖的女性，她的成就被当作励志故事鼓舞着许多女性亦加入到科研探索领域，部分女科学家也取得重大成就。本文主要介绍RIA技术的发明过程及罗莎琳的生平与奋斗经历。

一、求学年华

1921年4月19日，罗莎琳出生于美国纽约市的布朗克斯，是家中唯一的女儿。罗莎琳的父母都是犹太人，父亲西蒙·萨斯曼是俄罗斯移民后裔，在纽约拥有一家小公司，母亲克拉拉·萨斯曼则是德国移民后裔。虽然罗莎琳父母均未受过高等教育，但他们鼓励并支持孩子们努力学习，两个孩子最终都完成了高等教育。全家都特别喜欢阅读，罗莎琳很小就对图书表现出极大兴趣，甚至在晚饭前还坚持阅读，罗莎琳的哥哥也每周都去图书馆借书。

小时候，罗莎琳就非常聪明且主动性强，在学习上积极上进并极有主见，这些优良品质为她将来的成功奠定了基础。八岁时，罗莎琳就向往成为一名科学家。当时女性极少从事科学研究，罗莎琳则被自然科学拥有的内在逻辑性及解释外部世界的强大能力所深深吸引。罗莎琳在公立学校完成初等教育后，进入沃尔顿高中继续学习。罗莎琳是沃尔顿高中毕业生中两位诺贝尔奖获得者之一，另一位是1988年诺贝尔生理学或医学奖获得者埃利恩，她也是一位女性。罗莎琳起初对数学非常热爱，但在一位富有激情的化学老师感召下而转向化学。

高中毕业后，罗莎琳顺利考入纽约市立大学的女子分校亨特学院，在多位物理学教授指导下，又逐渐对物理学产生浓厚兴趣。罗莎琳在阅读完居里夫人的小女儿艾娃为母亲写的传记后，对物理学的热爱进一步深化，特别重要的是罗莎琳后来的研究与居里夫人也有一定关联。两位女科学家进行的都是放射性同位素研究，居里夫人发现了放射性现象并纯化了两种放射性同位素，而罗莎琳则将放射性同位素应用于临床化合物检测。成功后的罗莎琳一直认为居里夫人的传记对拥有科学抱负的女科学家而言是必不可少的读物。1939年1月，罗莎琳聆听了意大利裔美国物理学家费米（1938年诺贝尔物理学奖获得者）的一个学术报告，报告介绍了新发现的核裂变现象，并对其重要性进行了全面阐述：一方面具有引发核战争的潜在危险，另一方面也显示出放射性同位素在医学研究和其他和平用途中的可行性。这次报告在增进罗莎琳热爱物理学的同时，也加深了她对放射性同位素的理解。罗莎琳通过学习相关物理学知识，获悉20世纪30年代物理学（特别是核物理学）是最热门的研究领域之一，几乎每一项重大发现都可荣获诺贝尔奖。这一系列事件强化了罗莎琳对物理学的热爱。

二、结缘物理学

1941年1月，罗莎琳以优异成绩（物理学和化学均为A）从亨特学院毕业，并获得物理学和化学双学士学位。但罗莎琳想继续进行物理学深造时却遭到父母的强烈反对，父母的想法与当时传统观念一致，认为罗莎琳成为一名小学教师的目标更为实际，但罗莎琳却坚持自己的主张。然而，当罗莎琳向普渡大学提出物理学研究生申请时却遭到拒绝，理由是她作为犹太女性，必须先保证能在毕业后找到一份工作。罗莎琳无法做出这个保证，因此只能放弃。此外罗莎琳还打算进入医学院学习，但由于当时美国医学界对犹太人和女性的双重歧视政策，这个想法也注定无法实现。最后罗莎琳不得不进入纽约的一家秘书学院学习。

由于罗莎琳会打字，她成为哥伦比亚大学临床学院著名生物化学家鲁道夫·舍恩海默的秘书。舍恩海默具有较高的国际声誉，是利用同位素标记生物分子进而研究代谢（如胆固醇代谢等）的权威之一。此外，罗莎琳还学习了速记法，因此成为哥伦比亚大学另一位生物化学家海德伯格的秘书。海德伯格被称为"免疫化学之父"，其在免疫化学方面的研究对罗莎琳将来的工作也具有重要帮助。

罗莎琳进入秘书学院不久，美国加入第二次世界大战而开始大量征兵，这造成多所大学研究生院出现男生生源严重短缺的现象。为了避免学院关闭，许多大学开始破除陈规接受女性以弥补差额。在申请的几所大学中，罗莎琳最终选择了伊利诺伊大学厄巴纳－香槟分校物理系，这是她申请的最著名学校。1941年2月中旬，罗莎琳收到伊利诺伊大学的邀请函，并获得一份物理学教学助理工作。当年夏天，罗莎琳参加了纽约大学举办的物理学免费课程以强化自己的相关知识。

1941年9月，罗莎琳进入伊利诺伊大学厄巴纳－香槟分校工程学院，开学后才知道，她是学院400名学生中唯一的女生，而且还是1917年建院以来第一位女生。入学第一天，罗莎琳就与亚伦·耶洛相识，他也接受物理学研究生教育。他们很快相爱并于1943年6月结婚，共有两个孩子。罗莎琳在大学的成绩一直非常优异，1942年获得物理学硕士学位，1945年1月获得核物理学博士学位。

当时，同位素示踪技术已经在农业方面得到广泛应用，而罗莎琳认为同位素可能有更为广阔的应用空间，因此选择这个课题作为研究方向。罗莎琳的导师是著名核物理学家莫里斯·戈德哈伯。戈德哈伯的专业是粒子物理学，他后来长期担任美国布鲁克海文国家实验室主任，最著名的贡献是20世纪50年代发现中微子具有"左手螺旋度"。罗莎琳跟随戈德哈伯熟练掌握了放射性物质检测仪器的使用方法，这是 RIA 技术将来成功的关键之一。尽管罗莎琳研究生期间大部分课程都很优秀，但一次实验测试中却获得"A-"，这使物理系主任告诉她女性不适合在实验室工作，这件事说明当时对女性从事科研的歧视还非常明显。

1945 年 1 月，罗莎琳毕业后回到纽约，成为联邦电信实验室的助理工程师，而她也是该实验室唯一一名女性工程师。1946 年，罗莎琳回到亨特学院，担任物理学讲师和临时助理教授，在这里一直待到 1950 年春。在这个女子学院中，罗莎琳讲授物理学的对象不是女性，而是退伍军人。1946 年，在完成教学的同时，罗莎琳还志愿进入哥伦比亚大学临床学院伊迪丝·昆比博士实验室工作。昆比博士是放射学领域的先驱，当放射科学仍处于萌芽期时，她就率先开发了 X 射线、镭和其他放射性同位素等的应用方法，当时研究重点是放射性物质通透性的测量，从而设法降低医生受到放射性物质辐射的风险。跟随昆比博士，罗莎琳进一步掌握了放射性同位素应用的相关经验，并对放射性同位素临床应用有了更多认识。

1947 年 12 月，罗莎琳进入位于纽约布朗克斯的退伍军人管理局医院做兼职顾问。在这里，借助自己在同位素研究方面的背景知识，罗莎琳协助组建了放射性同位素服务部，该服务部也是美国新国家发展计划的第一批支持项目。服务部成立后，罗莎琳开始与服务部主任伯纳德·洛斯维特及不同临床科室的医生联合开展相关研究项目，充分挖掘放射性同位素在临床诊断、治疗和分析等方面的应用潜力。

三、科研合作

1950年，罗莎琳离开亨特学院，正式全职加入退伍军人管理局医院。尽管罗莎琳在放射性同位素方面非常擅长且努力工作，但她仍然只能担任放射性同位素服务部的主任助理。罗莎琳为服务部制订了有关同位素服务、教学和研究的详尽计划，但在进一步工作中，她意识到如要发挥服务部的最大功能，则急需一名内科医生的加入。服务部主任为罗莎琳推荐了大量候选人，但都被否定，最后将伯森介绍给罗莎琳。两人的谈话结果使罗莎琳对伯森非常满意，评价伯森是最聪明的医生，也是最合适的人选。

伯森1918年出生于纽约市，父亲是一位俄罗斯移民且是一位犹太人。伯森小时候非常擅长数学，但他的理想却是成为一名医生。1938年，伯森从纽约城市学院毕业后向100多家医学院提出申请，却由于他的犹太人身份而被拒绝，最终进入纽约大学，获得一个理学学位和一份奖学金，得以在牙科学校讲授解剖学。1941年，伯森进入纽约大学医学院学习，1945年毕业，获得医学博士学位。毕业后，伯森开始在波士顿城市医院实习，次年作为军队卫生官员服役两年。1948年，伯森也加入了退伍军人管理局医院，成为一名住院医师。

1950年7月，伯森正式加入放射性同位素服务部，开始了和罗莎琳长达22年的合作，直到1972年4月11日去世。伯森和罗莎琳的合作不仅促使了RIA的发明，而且也帮助罗莎琳最终荣获诺贝尔奖。罗莎琳认为，服务部要想取得成功，多学科背景非常必要，以有效将粒子物理学的概念和方法整合到医学领域。只有当一个跨学科团队中每一位成员都能很好地了解对方的知识，才可达到最大效果。罗莎琳除擅长同位素应用外还非常熟悉医学，而作为内科医生的伯森还拥有物理学和数学方面的背景，因此尽管两位研究人员专业不同，但在沟通上却非常顺畅，完全没有不同领域间的隔阂，这是二人成功的一个重要因素。

随后，罗莎琳和伯森展开了富有成效的合作研究。他们最早开始探索甲状腺和肾脏如何清除血液中的碘元素，为此开发了一种可测定单位时间内甲状腺对碘血液清除率的方法。应用放射性碘（^{131}I），他们很容易测定在设定的 35 分钟内的清除率，从而可快速确定甲状腺的功能。他们还先后将放射性同位素应用于血容量测定、甲状腺疾病临床诊断和碘代谢动力学等研究。

合作中，伯森往往处于主导地位，一方面医学背景使伯森更熟悉医学相关领域和专业杂志，另一方面性别因素使他更容易加入当时男性主导的专业学会和相关领域。罗莎琳则重点负责实验室研究，因此实验进展较为快速。

当时放射性同位素在医学中的应用还是一个全新领域，所获得的结果具有极大新颖性和创新性，因此短短几年间，罗莎琳和伯森合作在著名的《临床研究杂志》上发表论文多篇，逐渐确立了在学术界的重要地位。

此外，罗莎琳和伯森还将放射性同位素的应用拓展到更广范围，包括珠蛋白、血清蛋白、小肽和激素等在体内的分布。当时最容易获得的高纯度激素是胰岛素，因此他们决定重点研究胰岛素。

按照罗莎琳的说法，之所以选择胰岛素作为研究对象，是因为胰岛素是当时最容易得到纯化形式的激素，比其他激素更适合在实验室研究。其实罗莎琳对胰岛素感兴趣还有一个家庭原因，她的丈夫就是一位糖尿病人。而在所有内分泌腺紊乱疾病中，糖尿病的受累人群最大，从而使胰岛素的重要性更为突出。正是由于对胰岛素的深入研究，罗莎琳和伯森才最终发明了 RIA 技术。

四、首次突破

早在 1921 年，加拿大科学家班廷和贝斯特就用狗的胰腺制备了提取物，并证明该提取物包含降血糖物质。随后他们进一步获得更加纯化的胎牛胰腺提取物，并将其成功用于治疗一位患有糖尿病的 14 岁小男孩，该实验开启了胰岛素的应用历史。1923 年，牛胰岛素实现商业化并临床应用于糖尿病治疗。但在胰岛素临床应用中发现，不同糖尿病患者对胰岛素存在显著敏感性差异，据此英国希姆斯沃思爵士于 1936 年将糖尿病分为两种类型，即 1 型糖尿病（胰岛素敏感型）和 2 型糖尿病（胰岛素不敏感型），但对 2 型糖尿病胰岛素不敏感机制却无法解释。1952 年，匹兹堡医学院临床科学系主任阿瑟·米尔斯基认为，2 型糖尿病人肝脏可生成大量灭活胰岛素的酶，从而使胰岛素治疗不敏感，这将造成胰岛素在 2 型糖尿病人体内清除率较高，即胰岛素在体内存留时间短。但这种解释正确与否不得而知，因此罗莎琳和伯森决定通过测量放射性标记胰岛素在糖尿病人体内的存留情况来验证该假说。

罗莎琳和伯森首先将 ^{131}I 连接到牛胰岛素分子上（该过程称为

同位素标记），随后将带有少量放射性的胰岛素注射给三组受试人群：无糖尿病的正常志愿者（作为对照）、未接受过胰岛素治疗的 2 型糖尿病人和接受过胰岛素治疗的 2 型糖尿病人。在随后几小时内频繁收集血样并检测放射性，以测定 ^{131}I 标记胰岛素代谢速度和血样中消失时间。结果却出人意料，前两组的胰岛素清除率基本相同，但第三组的清除率却明显高于前两组（与预期相反）。为了解释这个矛盾结果，罗莎琳和伯森进一步联合应用超速离心、盐－乙醇分馏和纸电泳等技术进行实验，发现经胰岛素治疗的糖尿病人体内存在可与胰岛素结合的球蛋白，该球蛋白具有经典抗体的特征。正是由于应用胰岛素治疗产生抗体从而与新注射的胰岛素形成复合物，最终使胰岛素在体内存留时间延长。

这些实验结果一方面颠覆了米尔斯基的假说，从而形成了基于免疫应答反应研究糖尿病的新领域；另一方面挑战了当时免疫学界存在已久的理念，即小分子量蛋白质（如分子量只有 6000 道尔顿的胰岛素）无法激发免疫应答，因此也不可能产生抗体。罗莎琳和伯森的研究第一次明确说明小分子量蛋白质也可激发免疫应答，但主流科学界并不愿意接受，他们的投稿首先被《科学》杂志拒绝，接着又被《临床研究杂志》拒绝。虽然经协商后投稿最终被《临床研究杂志》接收并发表，但被要求将论文中的"胰岛素抗体"一词用"胰岛素结合蛋白"代替，以减少科学界的反对意见。当罗莎琳和伯森的实验结果在随后被其他多家实验室证实后，这个发现的重要性不言而喻，它一方面说明人类免疫系统可识别小分子物质并做出免疫应答，从而拓展了对免疫系统的认识，另一方面也为 RIA 技术的发明奠定了坚实基础。

罗莎琳对这次杂志拒稿印象深刻,当获得诺贝尔奖后,还在获奖演讲中提及这次事件,并展示了拒稿信。在后来的一次谈话中,罗莎琳勉励年轻人说,最初新思想被排斥,而这些思想后来被证明是对的,将变为学说;当你足够幸运的时候,你还可以将拒稿事件作为诺贝尔奖演讲稿的一部分。

五、发明 RIA

罗莎琳和伯森的这个发现逐渐被科学界所接受,胰岛素抗体也开始获得认可,两位研究人员开始考虑胰岛素抗体是否可作为实验室研究的重要工具。正是这种独特的洞察力促使了 RIA 的发明。罗莎琳和伯森首先研究 ^{131}I 标记的牛胰岛素与糖尿病人体内胰岛素抗体之间的结合动力学。^{131}I 标记胰岛素可与未标记胰岛素竞争结合胰岛素受体形成复合物,因此体系中未标记胰岛素含量增加导致 ^{131}I 标记胰岛素的结合下降。在体系中胰岛素抗体数量确定的情况下,两种胰岛素与抗体的结合成反比关系,这种数量关系确定了 RIA 开发的理论基础。初步实验尽管说明人血清的胰岛素抗体可用于牛胰岛素的测量,但它对人胰岛素的亲和力太低,因此无法进行实际应用。1959 年,这个难题被克服,罗莎琳和伯森从免疫的豚鼠中纯化得到抗牛胰岛素血清,该血清与人胰岛素具有较强结合力。在此基础上,罗莎琳和伯森成功开发了 RIA 技术,并最早于 1959 年在《自然》杂志上发表简短文章(2 页),第一次介绍了应用 RIA 测定血清中胰岛素的方法。1960 年 5 月 2 日,在第 52 届美国临床研究学会年会上，罗莎琳为 4000 多名研究者介绍了她与伯森从 100 例接受糖耐受实验的糖尿病人 1 毫升全血中成功测量胰岛素含量的方法。这个结果具有极大的新颖性和启发性，听众中的专业人员立刻意识到该发明将可能引发一场重要的免疫学革命，因为这是第一次应用免疫学方法精确且特异测定激素含量。在当年 7 月出版的《临床研究杂志》上，罗莎琳和伯森发表论文详细介绍了 RIA 的操作过程，包括豚鼠免疫、^{131}I 标记胰岛素制备和纯化、免疫检测原理、结果校正和实验操作等。这篇论文也成为《临床研究杂志》历史上高引用率文章之一，2004 年统计数为 2341 次。

RIA 的测定可描述为：当体系中存在胰岛素抗体时，先加入的 ^{131}I 标记胰岛素与抗体结合，随后加入一定量未标记胰岛素，则二者存在竞争关系。利用纸层析技术将与抗体结合和未结合的胰岛素分开，通过检测放射性而确定两种形式 ^{131}I 标记胰岛素的比值。这种比值与加入的未标记胰岛素浓度之间存在一定的函数关系，通过这种关系可利用已知浓度的胰岛素绘制标准曲线，借助标准曲线可确定未知浓度胰岛素含量。

RIA 技术的发明是免疫学、同位素研究、数学和物理学等的一次完美结合，它提供了测量胰岛素含量的极佳方案。以前的测量方法是首先注射组织或血清提取物到正常或去胰腺动物，随后通过检测血糖下降幅度来确定。这种方法的弊端在于敏感性差（检测量下限为 1000μU/ml），无法测定正常人血清中胰岛素含量（10—20μU/ml），即使测量也需要 100 毫升血浆。尽管后来开发出胰岛素体外测定实验，但需检测糖摄入或糖原合成过程，因此敏感性也极差。RIA 从根本上解决了这个问题，只需要很少的血样就可完成测定。尽管结合和未结合胰岛素的分离需要纸电泳这个耗时过程，但每天仍可完成 250—300 个样本的检测。

RIA 是第一个应用同位素研究抗原-抗体反应的技术。在此之前，科学家的手段非常有限，主要借助观察沉淀或其他现象，如红细胞凝集等。因此 RIA 的开发激发了理论免疫学，它一方面阐明了糖尿病发生机制和糖内稳态生理学的特征，另一方面还为免疫学提供重要的新见解，并最终影响到生物医学几乎每一个领域。RIA 技术最早用于测量胰岛素，随后拓展到其他激素的测量，从而为许多生理和病理问题提供了新的解释。RIA 技术具有足够的敏感性，可以测定每毫升体系中 10—20pg（$1pg=10^{-12}g$）胰岛素量，甚至少于 1pg 的促肾上腺皮质激素（ACTH）。

RIA 在随后的应用领域得到进一步拓展，包括非多肽激素、非激素型多肽、酶、病毒、抗体和药物等。RIA 在筛选血液中各型肝炎病毒方面具有独特优势，此外在血液中外源物质检测、癌症诊断、侏儒儿童的生长素治疗、不育夫妇激素含量测试、维生素与治疗药物药效学研究等方面也具有广泛用途。RIA 技术的发明使内分泌学成为医学研究最热门领域之一，此外还直接或间接影响到医学的每一个分支。

尽管 RIA 的敏感性和特异性极高，但却存在一系列弊端：一是它需要特殊的设备来检测放射性，因此完成测试的费用较高；二是该过程应用到放射性物质，因此需要特别的防护措施和严格的许可程序。今天，非放射性同位素标记如酶和荧光标志物等可代替放射性同位素，目前最常用的酶联免疫吸附测定法（ELISA）在原理上与 RIA 相似，其区别在于 ELISA 使用酶标记抗体取代同位素标记，因此检测时通过测定酶促反应产生的光信号而取代放射性信号。当然，由于 RIA 具有敏感性较高、受外界影响较小等优点，因此所得到的结果更为可信，在某些检测中仍然保留。放射过敏原吸附试验是 RIA 的一个拓展，用来检测过敏反应中的过敏原。

六、荣誉和遗憾

RIA 的发明为罗莎琳和伯森带来了巨大荣誉，他们先后分享美国临床化学联合会授予的范斯莱克奖（1968）、迪克逊奖（1971）和加拿大授予的加德纳基金会国际奖（1971）等一系列科学奖励。但遗憾的是，1972 年伯森在参加一次科学会议时突发心脏病去世。罗莎琳万分悲痛，她用伯森的名字为实验室命名，以在将来发表论文时仍保留伯森的名字。伯森的早逝使他无缘后来多个奖项。罗莎琳凭借在 RIA 发明中的贡献又先后获得现代医学杰出成就奖（1976）、拉斯克基础医学奖（1976，她是该奖设立以来第一位获奖的女科学家）、班廷奖章（1978）和美国国家科学奖章（1988，美国国家最高科学奖）等。特别是在 1977 年，罗莎琳由于"测定肽激素 RIA 方法的发明"而分享诺贝尔生理学或医学奖的 1/2，另外 1/2 则由沙利和吉耶曼分享，其原因是"大脑多肽激素生成的发现"。尽管按照诺贝尔奖颁奖原则，伯森已无资格获奖，但其在 RIA 发明中的贡献将永远被后人铭记。

1975年，罗莎琳当选美国科学院院士，1979年又当选美国艺术与科学院院士，此外她还是法国医学科学院外籍院士（1981）。1974—1985年，罗莎琳先后获得37个学校的荣誉博士学位，包括哥伦比亚大学、亨特学院、约翰霍普金斯大学、纽约医学院、普林斯顿大学、伊利诺伊大学、华盛顿大学、叶史瓦大学和比利时根特大学等。1978—1979年，罗莎琳担任美国内分泌学会主席，成为该学会第一位女性主席。

1968年，罗莎琳成为退伍军人管理局医院放射性同位素服务部执行主任，1970—1980年，升任核医学服务部主任，此外还一直担任实验室主任。1968—1974年担任西奈山医学院研究教授，1974—1979年担任杰出教授。1979—1985年，罗莎琳还担任叶史瓦大学爱因斯坦医学院教授。1991年，罗莎琳从退伍军人管理局医院退休，但仍然利用自己的业余时间和诺贝尔奖获得者声誉投入到科学教育和幼儿照顾等宣传中去，以引起社会对这些领域的更多关注。

七、深远影响

2011年5月30日，罗莎琳在纽约布朗克斯的家中去世，享年90岁，多家杂志和报纸都刊发了纪念文章和讣告。罗莎琳一生的贡献主要体现在以下几个方面：

第一，卓越的科学成就。罗莎琳的成就除了早期RIA的发明，还体现在后期研究中的许多发现。罗莎琳和伯森及其他同事与学生又先后阐明了多肽激素如ACTH和生长素等的生理作用，从而为这些激素异常引发疾病的病理学机制提供了全新认识。罗莎琳和伯森在 RIA 发明及应用方面的先驱性贡献对推动现代免疫学的发展具有重要意义，对其他学科包括免疫学、心血管病学、胃肠道学、肾病学和神经科学等也发挥了推动作用。20 世纪 70 年代以后，罗莎琳和学生重点研究胃内激素，阐明了同一激素可存在不同形式，且在不同部位还存在功能差异等，这对激素作用的理解具有重要意义。罗莎琳被认为是 20 世纪最伟大的美国科学家之一，她通过发明 RIA 而改变了临床医学的面貌。当然，由于本身一些原因，罗莎琳在随后内分泌学发展过程中也存在一些不足，包括对血液中胰岛素样分子的存在、胰岛素自免疫、胰岛素抗性及肽激素表面受体等的研究，但这些失误无法影响罗莎琳的巨大贡献。

第二，崇高的科学精神。20 世纪 70 年代，RIA 已在世界 40 多个国家上千家基础研究和临床应用实验室得到了推广和应用。1978 年，RIA 试剂盒的年销售额超过 1 亿美元。尽管 RIA 有着广泛应用和巨大商业价值，但罗莎琳和伯森却拒绝为他们的新技术申请专利，相反却在 20 世纪 60 年代初期开放自己的实验室，为 100 多位研究者培训 RIA 使用方法。罗莎琳和伯森还努力将 RIA 技术推广到普通应用领域，使该技术更多地为人类造福。罗莎琳宣称，他们从来没有考虑过为 RIA 申请专利，专利是以赚取利益为目的而远离大众需求，他们的想法是让更多人都可免费应用 RIA 技术。对罗莎琳而言，她首要关注的问题不是医学技术与赚钱之间的密切联系，而是技术本身给科学和人类带来的巨大价值。罗莎琳也从未担任过制药公司的顾问，因为她认为这将妨碍 RIA 技术的更好使用。事实上，罗莎琳和伯森的科学研究没有获得任何研究资助。

第三，女性科学家典范。罗莎琳在医学研究中的成就是巨大的，如果再考虑到女性在科学研究领域中遇到的障碍，她的成功就更显伟大。罗莎琳是继1947年诺贝尔生理学或医学奖获得者格蒂·特里萨·科里后第二位获得该项奖的女性科学家（至今也仅有10名女性诺贝尔生理学或医学奖获得者）。罗莎琳克服了学术界对女性科学家的偏见，证明科学领域女性较少成功的原因不是缘于任何的先天不足，而是受到社会或文化等方面强加于她们的限制所致。罗莎琳还很好地处理了家庭与事业的关系。在作为一位伟大科学家取得一系列重大成就的同时，罗莎琳还是一位优秀的妻子和母亲。罗莎琳一方面每周花费大量时间在实验室进行科学研究，另一方面还为家庭收拾家务和准备饭菜，在事业和家庭上显示出过人的能量和激情。罗莎琳是许多从事科学研究的女性科学家的典范，她通过自己的成就证明女性在完成家庭责任前提下，完全可能取得卓越科学成就。作为女性科学家，罗莎琳一方面积极争取女性平等，另一方面又反对过多强调女性身份而产生新的不平等。1961年，罗莎琳拒绝接受联邦妇女奖，原因在于该奖仅授予女性，在她看来这是一种反向歧视，意味着妇女不能在更广阔的范围内竞争。获得诺贝尔奖后，《妇女家庭杂志》准备颁发一个特殊女性奖给她，罗莎琳再次婉言拒绝，她认为这个奖项仅仅突出她的女性身份而不是科学成就。

2000年，尤金·斯特劳斯为罗莎琳撰写了传记《罗莎琳·耶洛，诺贝尔奖获得者：她的生活和医学工作》，全书对罗莎琳的科学贡献、科研历程及成功背后的艰辛进行了全面描述。

20世纪，女性在科学研究过程中受到种种限制，罗莎琳的成功显得更为不易，而在RIA发明中的作用更使她成为20世纪为数不多的著名女科学家之一，其科学精神和学术贡献值得大家了解并进一步向其学习。

（作者：郭晓强　郭振清）

梅里菲尔德

固相肽类合成的发明者

罗伯特·布鲁斯·梅里菲尔德

(Robert Bruce Merrifield, 1921—2006)

蛋白质是生命的基本组成元件之一，同时又是功能重要的生物大分子，在众多生命过程如物质代谢、运输、转运和基因表达调节等方面发挥了关键性的作用，因此对蛋白质的研究一直是生命科学的主要内容之一。对生命科学研究而言，不可避免需要一定量的蛋白质。在20世纪50年代主要是从天然产物中提取蛋白质，但由于蛋白质本身的丰度差异较大，部分蛋白质提纯存在很大困难。对合成化学家而言，蛋白质的复杂性无疑是一个重大挑战。20世纪初，科学家就阐明了蛋白质合成的基本原理，一个氨基酸的羧基和另外一个氨基酸的氨基发生脱水反应形成肽键，这样形成的化合物就是肽，而分子量大的肽就被称为蛋白质。尽管蛋白质合成原理比较简单，但在体外实际操作却困难重重，一方面需要尽可能减少不必要副反应的产生（保护基团的引入），另一方面还需要每一步产物的分离，整个过程非常烦琐，因此蛋白质合成方面的进展一直比较缓慢。20世纪50年代实现了有活性蛋白质的液相法合成是该领域的一项重大突破，然而该方法在合成多肽过程中存在耗时和费力的缺陷，直到20世纪60年代，一种新的蛋白质合成方法——固相肽类合成（SPPS）的出现及随后的自动化，才使蛋白质合成得到普及，而最早构思出该方法的是美国著名生物化学家、1984年诺贝尔化学奖获得者罗伯特·布鲁斯·梅里菲尔德。

一、热爱化学

1921年7月15日,梅里菲尔德出生于美国得克萨斯州的沃思堡市,是家中的独子。父亲乔治·梅里菲尔德第一次世界大战期间曾在法国服役,战后进入沃思堡商学院学习商业管理。1923年,梅里菲尔德全家跨越西南大沙漠来到加利福尼亚州的圣巴巴拉市,父亲乔治找到了一份负责家具销售和室内设计的工作,因此当时的家庭条件较为宽裕,然而不久到来的美国经济大萧条给全家带来了严重的灾难。1928年起,父亲乔治为寻找到一份工作而四处奔波,搬家达25次之多,而幼年的梅里菲尔德也先后进入11所不同的学校就读,最终全家在南加州的蒙特贝洛市定居,梅里菲尔德也进入当地的高中就学。

在高中阶段,梅里菲尔德学习成绩优异,他第一次接触化学时就深深地被该学科吸引,并树立了将来从事化学事业的理想,在化学领域取得重大成就成为其一生奋斗的目标。梅里菲尔德还对天文学有特别的爱好,上高中时就独立制造了一台小型反射望远镜,在年度科学竞赛中还荣获亚军。通过这些业余爱好,梅里菲尔德掌握了许多重要的科学方法,同时还锻炼了自己的实际操作能力。

1939年,梅里菲尔德首先进入帕萨迪纳专科学校学习,然而两年后却转入加州大学洛杉矶分校的化学专业继续学习。加州大学洛杉矶分校拥有一支非常优秀的化学研究团队,包括系主任威廉·扬和生物化学教授马克斯·杜恩等,因此梅里菲尔德在这里奠定了较为坚实的化学基础。大学期间,梅里菲尔德还有幸进入杜恩实验室进行科学研究，参与了一种复杂氨基酸衍生物——多巴（DOPA）的化学合成过程，在取得成功的同时也体验了科研的艰辛。多巴是一种重要的神经递质，常用于一些神经疾病如帕金森病等的治疗，因此这项研究具有十分重要的意义。

1943年，梅里菲尔德从加州大学毕业，进入位于加州圣佩德罗的帕克研究基金会，成为一名实验室技术员。梅里菲尔德主要负责大鼠和鸡的喂食、称重和清扫圈舍等日常工作，此外还协助实验室科研人员对氨基酸混合物进行人工配比，以确定其对动物生长的影响。梅里菲尔德在工作中发现自己在科研能力方面还存在很大的不足，需要进一步学习充实，因此1944年在安海斯-布希公司的一份奖学金资助下，梅里菲尔德回到加州大学洛杉矶分校，成为杜恩生物化学专业的研究生。

梅里菲尔德首先做了三年的化学教师，直到1948年才开始进入杜恩实验室进行研究，他利用微生物学方法测定酵母细胞中嘧啶的含量，这在当时是一项非常重要的研究，因为不久查加夫借用其他方法分析出嘌呤和嘧啶碱基的含量，得出著名的"查加夫法则"（DNA分子中嘌呤总量和嘧啶总量相等），为沃森和克里克DNA双螺旋结构的阐明提供了重要证据（这项进展也被视为20世纪最重大突破之一）。1949年，梅里菲尔德凭借嘧啶定量方面的研究获得生物化学博士学位。在博士毕业的第二天，他与生物学家伊丽莎白·弗朗结婚，后来育有六个孩子。

在梅里菲尔德博士毕业前，纽约洛克菲勒医学研究所（1965年更名为洛克菲勒大学）的生物化学家伍利正在寻找一个研究助手。

在杜恩的推荐下，梅里菲尔德获得了一份从 1949 年 7 月 1 日开始的一年博士后研究助手职位。由于在随后的工作中表现出色，梅里菲尔德的任期一再延长，直到最终成为这里的正式员工，且整个职业生涯都在这里度过。伍利是维生素研究方面的先驱和抗代谢物研究领域的权威，此外还是 5-羟色胺药理学方面的专家，他对梅里菲尔德将来的科研生涯具有十分重要的影响。

在洛克菲勒医学研究所的早期科研生涯中，梅里菲尔德主要跟随伍利研究细菌的生长因子，包括他在研究生期间发现的二核苷酸生长因子和伍利已经发现的肽类生长因子——促长肽。这些因子对细菌生长都有促进作用，但机制不详。促长肽是一种由 5 个氨基酸构成的小肽，为了确定其结构和功能，梅里菲尔德一方面需要分离并纯化该小肽，另一方面还需要将其进行化学合成。多肽的液相合成在当时刚刚实现，这方面的经验较少，因此梅里菲尔德在随后漫长的 11 个月时间内才合成了产率只有 7% 的促长肽。梅里菲尔德对耗时如此之长很不满意，他认为即使考虑到自己在合成手法上较为生疏，但当时一位非常熟练的肽合成化学家也将不得不付出大量时间和精力。对于作为生物化学家的梅里菲尔德而言，蛋白质是主要研究内容，因此肽的合成也是实验室的日常工作之一，如此费时的操作必将阻碍实验进展。考虑到自己的实验进度，梅里菲尔德决定改进传统的肽类合成方法，而当时蛋白质研究取得的重大进展为梅里菲尔德的成功提供了重要保证。

二、肽合成研究现状

20世纪五六十年代是蛋白质化学发展史上的一段黄金时期,在蛋白质一级结构的确定和化学合成方面都取得了一系列重大突破,涌现出众多科学大师,诺贝尔化学奖多次授予蛋白质研究领域也说明了这种情况。

蛋白质一级结构是指蛋白质分子中所包含的20种氨基酸排列顺序,它是蛋白质空间结构和生理功能的基础。不同蛋白质的一级结构也不相同,因此为了合成特定肽类或蛋白质,必须首先知道其一级结构。1955年,英国剑桥大学的桑格研究小组历时十余年而确定了第一种蛋白质胰岛素(包含51个氨基酸残基)的一级结构,为此赢得了1958年诺贝尔化学奖。另外两位蛋白质研究方面的天才是洛克菲勒医学研究所的穆尔和斯坦,他们改进了蛋白质测序方法,最终于1963年确定了包含124个氨基酸残基的核糖核酸酶的一级结构,为此分享了1972年诺贝尔化学奖。在这些重大进展的推动下,大量肽类激素和重要蛋白质的一级结构被阐明,这为蛋白质合成提供了必要的序列信息。另外,穆尔和斯坦是梅里菲尔德的同事,他们在蛋白质研究中的经验和技术为梅里菲尔德的成功提供了重要保证。

随着蛋白质的重要性被逐渐发现和相关研究的进展,科学家很早就开始探索肽类的人工合成。肽类的合成最早可追溯到1882年德国化学家库尔提乌斯完成的第一个肽衍生物——苯甲酰双甘氨肽的化学合成,但真正突破则来自德国生物化学家费歇尔于1901年完成的游离双甘氨肽合成。费歇尔被认为是19世纪最伟大的有机化学家和生物化学家，由于在糖和嘌呤方面的工作而获得1902年诺贝尔化学奖。费歇尔对肽的合成富有极大的激情，并且为此做出了许多奠基性的贡献。费歇尔阐明了肽键的本质（氨基酸之间脱水缩合后的化学键），同时引入多肽合成的基本思路——反应基团的活化和侧链基团的保护。当时人们对蛋白质结构的理解还非常有限（生物大分子的概念尚未完全确立），肽类合成需要的一些试剂如可逆性保护基也没有被发现，但费歇尔意识到肽类合成的重要性，积极尝试并取得了一系列重大突破，他使用较为笨拙的酰卤法合成了含有三种不同氨基酸的八肽。由于当时尚无法测定肽类序列，因此合成拥有特定活性的肽类几乎不可能。

费歇尔的学生贝格曼在肽类合成方面取得了重大飞跃，他开发出一种后来被应用很长时间的氨基保护基团——苄氧羰基，后来在洛克菲勒医学研究所建立自己的实验室进行肽的合成。遗憾的是贝格曼不幸早逝，未能做出更大的贡献，但他在肽类合成方面的开拓性贡献奠定了随后研究的基础。贝格曼对梅里菲尔德影响非常大，梅里菲尔德在进入洛克菲勒医学研究所工作以前就已经非常敬佩贝格曼的工作，他后来以能够在贝格曼曾经工作过的实验室研究为荣，尤其令他自豪的是继承了贝格曼的办公室和桌子。

真正合成具有生物活性肽的是美国生物化学家迪维尼奥，他经过多年的努力最终于1953年合成了催产素，临床试验证明其与天然提纯的催产素具有相同的生物活性，迪维尼奥由于这项巨大贡献而获得1955年诺贝尔化学奖。梅里菲尔德与迪维尼奥也有密切联系，促长肽的合成就是二人紧密合作的结果。

蛋白质研究的快速发展使其不仅在学术圈，而且在制药工业都显示出巨大的价值，越来越多的研究人员意识到肽类和蛋白质可作为一类重要生物活性分子而得到广泛应用，因此对肽和蛋白质合成的需求在逐渐增加，而迪维尼奥的工作清晰说明蛋白质的化学合成完全可以实现。当时合成蛋白质利用的是费歇尔早期构思并由其他科学家发展出的液相合成法。以一个二肽合成为例来阐述其基本原理：首先，第一个氨基酸的羧基和第二个氨基酸的氨基及侧链活性基团被保护以阻断副反应发生，随后激活第二个氨基酸的羧基从而形成肽键，反应完毕后选择性移去保护基则生成游离的二肽，这个二肽需要从副产物和未反应的起始原料中分离。合成分子量大的多肽则需要重复以上程序。反复的基团保护、羧基激活、成肽反应、保护剂去除和肽类的分离使整个蛋白质合成过程十分冗长而烦琐。按照每一步反应产率为90%（这在当时是一个极高的产率），完成100步反应后全部产率只剩下0.003%，因此为了获得足够量肽类产物，需要使起始产物尽可能多。如果一个人想合成一个分子量大的多肽（更不要说蛋白质），其困难就显得不可逾越。因此蛋白质合成被看作一项费时和需要高超技巧的工作，一种肽的合成往往花费几年时间，有时还会以失败而告终。如我国几十位科研人员就是利用液相合成法，花费几年时间才最终于1965年完成了牛胰岛素（包含51个氨基酸）的人工合成。如果合成更大蛋白质，则显然难上加难。当时把合成超过100个氨基酸的蛋白质形容为攀登科学界的珠穆朗玛峰。面对这种状况，梅里菲尔德认为需要重新考虑蛋白质合成的思路。

三、固相肽类合成的发明

在 1959 年 5 月 26 日的实验室笔记中,梅里菲尔德记载了构思新蛋白质合成方法的历程。由于理解到该问题的紧迫性,他写道:"现在需要一种快速、定量和自动合成蛋白质的方法。"梅里菲尔德当时认为可以将化学合成中新生成肽的羧基与一种固体聚合物相连,这将大大减少羧基的反复保护程序并简化中间肽的分离。梅里菲尔德将自己的想法告诉了伍利教授,在得到同意的同时还获得极大鼓励。尽管梅里菲尔德构思较为简洁,但实际操作中则需要解决多种实际问题,如合适的固体支持物、有效的偶联试剂、合适的保护基团和去保护基团等的选择,最后从固体支持物上移去肽所需的条件等。梅里菲尔德最初考虑大约需要三个月就可以解决问题,但实际上花费了三年时间才最终实现了当初的设想。

梅里菲尔德遇到的最大难题之一是化学上尚没有将不溶性聚合物与肽链相连的先例。当时虽然已有大量关于聚合物合成与修饰研究方面的论文发表,然而却没有报道将两种不同聚合物连在一起的方法。不久,梅里菲尔德从一份 1957 年英国的专利文件中得到灵感,最终将羧基与聚苯乙烯树脂(后来改进出多种聚合物)相连。梅里菲尔德还需要开发出更理想的氨基保护基团,他改进传统方法,选择了叔丁氧羰基(BOC),因此该方法又被称为 BOC 法。为了证实该方法的可行性,梅里菲尔德需要首先尝试合成一种肽类物质。这是一种全新合成方法,缺乏合成经验,需要尝试多种试剂,因此实验过程中不可避免地出现了一些预想不到的问题，到第二年年底时仍未获得理想结果，连梅里菲尔德自己都开始怀疑当初的设想是否真的可以实现。但伍利对此却大力支持，梅里菲尔德全身心投入到实验摸索之中，以至于三年未发表一篇论文。1962年春天，梅里菲尔德终于使用这种新方法合成一个四肽 Leu-Ala-Gly-Val，他将该方法称为 SPPS，该结果首先在美国实验生物学联合会举办的会议上公布，随后全文于 1963 年在《美国化学会志》上发表，成为该杂志的经典论文之一（排名第 5 位）。

SPPS 是蛋白质合成研究史上的一场革命。该方法的基本原理是：先将第一个氨基酸的羧基端连接到不溶性聚合物，随后让另一个羧基端活化的氨基酸与其反应生成二肽，将带有二肽的聚合物分离后，用相似策略依次将第三个、第四个氨基酸连接其上，直到所有氨基酸添加完毕，最后将多肽上所有保护基团去除后从聚合物上释放。SPPS 相对于传统液相合成法的优点显而易见，每一次氨基酸添加合成后复杂的产物纯化工作被简单的聚合物洗涤所代替，这使副产物和剩余反应物的去除变得简单易行，大大提高了多肽的产率，单一添加反应的产率可达到 99.5% 甚至更高，因此更适合大分子量蛋白质的合成。

梅里菲尔德发明的 SPPS 一方面使需要研究多肽或蛋白质功能的生物化学家非常高兴，因为这将极大加快他们的研究进程；但另一方面却使拥有传统思想的多肽合成方面的专家对此重大改进表示惊讶甚至感到不安，他们不相信合成过程中不需要中间产物的分离、纯化和鉴定工作就可以实现最终的肽类合成，有些人甚至认为

SPPS 是一种滑稽的思维，全然不是化学方法，应该在化学界禁止该概念。但是梅里菲尔德和他的研究小组继续进行 SPPS 的改进和新肽类的合成，用数据和自信回应了批评者的质疑。

四、SPPS 自动化的实现及核糖核酸酶的合成

尽管梅里菲尔德的方法相对于传统方法有很大的进步，然而肽类化学家大多不愿放弃经典技术而采用 SPPS，因此在随后的几年中，仍然只有梅里菲尔德研究小组和少数化学家进行 SPPS 的尝试。由于早期实验中走了部分弯路，第一个四肽固相合成花费了近三年时间，如此耗时必然阻碍新方法的推广和应用，因此需要进一步的改进。随后，梅里菲尔德研究小组在树脂的选择及氨基酸固定、氨基和侧链的保护及去除、成肽反应、合成后目的多肽的裂解及纯化等方面进行了完善，从而使合成速度大大加快，不久后合成含有 9 个氨基酸的缓舒激肽只用了 8 天时间，并且该方法可以使合成蛋白质的长度增加、稳定性增强，同时纯度也获得极大的提升，产率也人人提高，同样进行 100 次反应，产率从液相合成的 0.003% 升高到 61%，这为合成更大蛋白质提供了可能。

梅里菲尔德在优化 SPPS 的过程中发现肽类合成是由许多重复步骤（氨基酸的依次加上）构成的，因此开始考虑是否可实现肽类合成的自动化，实际上只有先实现固相合成才可以考虑自动化。梅里菲尔德于 1965 年与约翰·斯图尔特合作，在自家房子的地下室成功设计了第一台自动肽类合成仪的原型并随后进行了完善。自动肽类合成仪的发明是技术上的一个巨大突破，随后的几年中，梅里菲

尔德在第一个研究生马歇尔帮助下用该仪器合成了一系列蛋白质，如血管紧张素、催产素和胰岛素等小肽。当然早期的肽类合成仪只适合实验室应用，真正意义上的肽类合成仪出现在 20 世纪 80 年代初期，从而实现了市场化。随着一系列较小分子量肽合成的成功，梅里菲尔德决定向合成更大分子量蛋白质进行挑战，1967 年梅里菲尔德的第一位博士后德国人古特的到来为此提供了重要保证。

梅里菲尔德决定使用 SPPS 合成牛胰腺核糖核酸酶 A，之所以选择此酶作为合成目标是由于前期合成的均为分子量相对较小的激素，而分子量超过 100（核糖核酸酶由 124 个氨基酸构成）且具有催化功能的蛋白质（酶）尚未实现合成。此外，核糖核酸酶一级结构于 1963 年已由梅里菲尔德的同事穆尔和斯坦阐明，其三级结构此时也已被阐明，特别是安芬森利用核糖核酸酶可逆变性实验得出了著名的"安芬森法则"（蛋白质一级结构决定高级结构。安芬森由于这项成果而获得 1972 年诺贝尔化学奖），因此核糖核酸酶 A 的化学合成将为此提供更为直接的证据。

核糖核酸酶的合成需要经过 369 个单独的化学过程和 11391 步化学反应，是一项非常艰巨的任务，但 SPPS 相对于传统方法已经大大节省了时间和花费。梅里菲尔德的最初目的仅仅在于证明，具有高度催化活性和特异性的天然酶也可在实验室合成，而从长远来看，更为重要的目的在于提供一种研究酶的新方法，研究人员可通过修饰酶的结构而改变活性或底物特异性。梅里菲尔德使用凝胶过滤、层析和电泳等技术鉴定表明，化学合成的核糖核酸酶与天然酶在性质上完全一致。研究还发现合成的核糖核酸酶拥有较高的酶催化活性，同时具有极高的底物特异性，这意味着化学合成酶在实际应用中是可能的。梅里菲尔德利用化学合成的核糖核酸酶在体外实现了内部四对二硫键的正确形成，即合成的核糖核酸酶具有正确的三级结构，实现了当初证明"安芬森法则"的目的。

1969年1月16日，梅里菲尔德和默克公司的赫斯曼小组（使用经典的液相合成法）在洛克菲勒大学举办的一个新闻发布会上同时宣布了这个化学合成核糖核酸酶的结果。这项成就被认为是医学发展史上最重大突破之一，同时也被认为是具有里程碑意义的事件。第二天《纽约时报》以《第一次合成了一个酶》为题在头版头条位置报道了该消息，同时配发了两个研究小组参与人的照片。尽管化学合成的核糖核酸酶在后来并没有得到太多实际的应用，然而在合成该酶过程中积累的经验为新药合成打开了大门，搭建起了化学和生物学之间的一座重要桥梁。

五、SPPS的改进及广泛应用

尽管梅里菲尔德成功合成了超过100个氨基酸残基的核糖核酸酶A，但随后的研究发现这只是一个特例，因为许多较小分子量蛋白质仍无法使用SPPS合成。以胰高血糖素为例，这是一个包含29个氨基酸的激素，1968年才由一个研究团队经过几年的合作应用液相法实现了首次合成，但应用SPPS却无法实现，这使原来对此持怀疑态度的科学家更加排斥SPPS。梅里菲尔德和学生在研究中发现传统SPPS存在很大缺陷，因此决定进行全面的改进和完善，如合成过程中应用的固体支持物、蛋白质裂解反应、侧链反应试剂等，而重点以攻克胰高血糖素为目标。

1977年，梅里菲尔德的研究生斯韦特兰娜·默伊索夫使用改进后的SPPS完成了胰高血糖素的粗合成，随后使用凝胶过滤和离子交换层析的方法纯化了该激素，与天然的牛胰高血糖素比较发现理化性质完全相同，尤其是大鼠高血糖实验证明其活性也完全一致。到2006年，梅里菲尔德实验室已经合成超过200种的胰高血糖素类似物（包括激动剂和抑制剂），从而为结构功能研究提供了重要保证。梅里菲尔德同时还合成了一系列生物活性肽，如胸腺素α1、表皮生长因子和抗菌肽等，尤其是抗菌肽的合成对抗菌机制的理解及新抗菌药物的开发具有重要意义。这些成就及世界各地其他实验室使用SPPS合成多肽方面的成功，使科学界逐渐接受了SPPS。此外，许多实验室也对SPPS进行了完善，如1972年卡尔皮诺引入9-芴甲氧羰基（FMOC）作为氨基保护基团，从而使反应条件更温和，应用更广泛。需要提及的是进入20世纪70年代后，蛋白质合成在方法学取得了又一项重大突破——基因工程。1972年，斯坦福大学的伯格首先在体外实现基因重组，他由于这项贡献而获得1980年诺贝尔化学奖。1973年，赫伯特·韦恩·博耶和斯坦利·诺曼·科恩则将重组基因转移到大肠杆菌内并成功实现蛋白质表达。基因工程是利用生物体内的基因表达系统进行蛋白质的生物合成，不需要基团保护和中间产物的去除，保真度和效率都更高，因此显示出更大的应用潜力。1977年，利用基因工程实现了人类生长抑素的合成，随后又有一系列蛋白质如胰岛素、生长素和干扰素等被依次合成，基因工程成为合成蛋白质的主要方法。

然而，SPPS 仍有重要的用途，科学家们先后开发出天然化学连接（NCL）和表达蛋白连接（EPL）等方法以对其进行进一步完善，尤其是后者融合了 SPPS 和生物体核糖体蛋白合成的思路，可以定点引入非天然氨基酸和生物物理检测。相比生物技术，使用化学合成方法制备蛋白质和制备抗体省时省事，且特异性高。随着 SPPS 的不断完善和成熟，在生产短链肽的基础上，也开始进行大分子量蛋白质的合成，并且取得一系列成功。2007 年，使用 SPPS 合成了包含 203 个氨基酸的 HIV-1 蛋白酶，与天然蛋白酶相比具有相同的催化活性。

SPPS 除在肽类和蛋白质合成过程中显示出巨大价值外，还被应用于其他生物大分子如多糖和核酸等的合成，且取得巨大成功，尤其在寡聚核苷酸合成方面显示出巨大的应用价值。DNA 合成也曾被看作一件费时耗力的工作，以制备一个包含 21 个碱基对的双链 DNA 为例，在引入 SPPS 前通常需要一个熟练的研究人员全身心投入四年时间才能完成，而随着合适化学试剂和固体支持物的发现，应用 SPPS 进行 DNA 合成使时间缩短到仅仅一天，更为重要的是 SPPS 的引入也使 DNA 合成最终实现了自动化，人们可以按照指定程序合成需要的 DNA 产物，从而使合成包含 100 个核苷酸以上高纯度、高产量的 DNA 成为可能。高质量 DNA 的合成，为基因工程和人类基因组计划的发展发挥了巨大的推动作用。此外应用 SPPS 合成的寡核苷酸在 DNA 杂交研究中也有广泛应用，SPPS 已成为遗传学和生物化学研究中最基础的技术之一。进入 20 世纪 90 年代，组合化学与多肽合成技术相结合出现了组合肽库，SPPS 被广泛应用于药物开发的研究，在化学、生物化学、医药、分子生物学等领域均发挥了巨大的推动作用。SPPS 还被应用于多肽标记与修饰，在研究蛋白结构与功能模拟多肽方面发挥了重要作用。随着蛋白质组时代的到来，SPPS 将有更大的应用空间。

梅里菲尔德在 1959 年构思 SPPS 的最初目的仅仅是更省时省力地完成多肽的合成，然而令他无法想象的是这项工作带来了合成化学领域面貌的一次巨大改观和合成方法领域的一场革命。SPPS 极大地促进了生物化学、药理学和医学的进展，从而使系统研究酶、激素和抗体等蛋白质生理活性的结构基础成为可能。值得一提的是，SPPS 既没有被梅里菲尔德也没有被洛克菲勒大学申请专利，该技术被社会无偿使用，体现了梅里菲尔德崇高的科学家品格。

六、重大贡献和崇高地位

随着 SPPS 的广泛应用和巨大价值的体现，科学界也授予梅里菲尔德众多荣誉。1984 年，梅里菲尔德由于"固相蛋白质化学合成方法的建立"而独享了该年度的诺贝尔化学奖。瑞典皇家科学院在颁奖时评价道："梅里菲尔德固相化学方法在多肽和蛋白质化学领域带来了一场革命，没有梅里菲尔德的研究，今天一些几天就可以完成的实验或过程可能花费几年甚至几十年。"梅里菲尔德发明了简单而具有独创性的多肽和蛋白质制备方法，这种方法使蛋白质研究迅速发展，从而开拓了一个新的研究领域，并且大大促进了生物化学、分子生物学、药理学和医学的发展，特别重要的是在药物开发和基因过程方面有实际的意义，其速度和效率相对于传统方法明显提高。SPPS 为一些疾病如高血压、糖尿病等的药物开发带来了希望，并且成为生命科学研究的重要手段。

除诺贝尔奖外，梅里菲尔德还获得科学界众多重大荣誉，包括拉斯克基础医学奖（1969）、盖尔德纳国际奖（1970）等，由于在合成有机化学方面的创造性工作而获得美国化学协会奖（1972）、尼科尔斯奖（1973）、美国多肽讨论会第二届艾伦·E. 皮尔斯奖（1979）、皇家学会化学奖章（1987）、拉尔夫 F. 赫斯曼肽化学奖（1990）、约瑟夫·鲁丁格奖（1990）、西博格奖（1993），以及由于对生物分子技术的卓越贡献而获得生物分子来源学会奖章（1998）。1998 年，美国《化学化工新闻》将梅里菲尔德评价为过去 75 年对化学事业 75 位最大贡献者之一。梅里菲尔德还获得多个学校的荣誉博士学位，包括科罗拉多大学、耶鲁大学、俄亥俄医学院、科尔盖特大学、波士顿学院和瑞典乌普萨拉大学。1972 年，梅里菲尔德当选美国科学院院士。美国肽类协会为了纪念梅里菲尔德而设立了梅里菲尔德奖章，该奖章每年颁发一次，以奖励在肽类研究领域取得卓越成就的科学家。

梅里菲尔德培养了大量的研究生和博士后，影响了一代肽类科学家，这些人目前已成为科学界和工业界的领军人物。他还曾担任《国际肽和蛋白质研究杂志》和《肽科学杂志》的编委。梅里菲尔德一直被科学界誉为"肽类科学的巨头"，这是对他崇高学术地位的最精确描述，还没有一个科学家可以像他那样影响肽类科学整个领域，并将其带到如此高的水平。在同事和合作者眼中，他是一位谦恭、生活有规律和低调的人。他的科研生涯可作为一个模式，其证明了科研中独立思考的重要性，他在优秀同事帮助和自己努力下使大家对 SPPS 的批评声音逐渐平息；他还认识到改进和优化思想的重要性，用事实论证自己的发现对相关研究领域问题解决的重要性并积极推广应用。因此，梅里菲尔德的思想对目前和将来的化学家都是一份珍贵的礼物。

1957 年，梅里菲尔德成为洛克菲勒医学研究所助理教授，次年升任副教授，在 1966 年成为生物化学教授，并于 1984 年担任小洛克菲勒讲座教授，这是该校最高的学术级别。1992 年，梅里菲尔德退休，但仍然继续在实验室工作。2006 年 5 月 14 日，梅里菲尔德在长期疾病后于新泽西州克里斯基尔的家中去世，享年 84 岁。英国《自然》杂志刊发了讣告，将梅里菲尔德称为 20 世纪下半叶最有原创思想的科学家之一，他的学术成果引发了有机化学领域的一场革命。

肽类合成研究已跨越了 100 多年的时间，其中有许多开拓性的发现，而梅里菲尔德的 SPPS 无疑是其中最突出的一个，在有机化学合成与生物化学研究中都得到了广泛的应用。

（作者：郭晓强）

奈塞尔

认知心理学的伟大开拓者

乌尔里克·奈塞尔

(Ulric Neisser, 1928—2012)

乌尔里克·奈塞尔是美国著名认知心理学家,在心理学史上是一位富有开拓精神的传奇人物。他在学术领域总是扮演着"边缘人"和"反叛者"的角色,从来不迎合主流,却一生都在适时把握并改变着认知研究的新方向。正如著名心理学家尤金·威诺格拉德等人所说,尽管奈塞尔"似乎真的不能很好地把握主流,但在许多情况下,似乎是主流习惯于追随他"。奈塞尔先是在反叛行为主义主流的浪潮中,以《认知心理学》(1967)这部堪称认知心理学界"圣经"的开山之作,催生了认知心理学学科,掀起了认知革命的浪潮,并由此博得了"认知心理学之父"的雅誉。相隔近十年之后,他又以另一部标志性著作《认知与现实:认知心理学的原理与含义》(1976)对传统主流认知心理学取向即信息加工取向宣战,呼吁走出实验室进行具有生态效度的认知心理学研究。奈塞尔先后对知觉、记忆、思维、自我和智力等多个认知领域进行了颇具开拓性的生态学研究,试图真正实现认知心理学的生态学转向。在这些具体研究中,最负盛名的当数批判传统机械记忆研究模式的生态记忆研究,它在特定领域确实改变了认知心理学的研究方向。凭借所取得的学术成就和声望,奈塞尔在20世纪最著名的前100位心理学家排行榜中名列第32位。

一、早年生活与教育

奈塞尔于 1928 年 12 月 8 日出生在德国基尔市一个富有声望的犹太人家庭。他的父亲汉斯·奈塞尔是一位著名的经济学家和社会民主党员,在基尔的世界经济研究所工作。母亲夏洛特·奈塞尔曾经是一位拥有社会学学位的天主教徒,在德国妇女运动中非常活跃。奈塞尔还有一位大他四岁的姐姐。特别值得一提的是,奈塞尔父亲的叔叔阿尔贝特·奈塞尔是"淋病奈瑟氏菌"的发现者,这给奈塞尔家族带来了无限的荣耀。在这样一种家庭氛围中,小奈塞尔在女家庭教师的陪伴下过着幸福温馨的童年生活。

1933 年,希特勒开始掌控德国政权,美好的一切即将被打破。在纳粹主义和反犹主义的阴霾笼罩下,奈塞尔父亲所在的世界经济研究所面临倒闭的威胁。为逃避可能降临的灾难,奈塞尔的父亲带领全家于 1933 年 9 月移民到美国宾夕法尼亚州的斯沃斯莫尔镇定居。父亲在宾夕法尼亚大学的沃顿学院工作,有着丰厚稳定的收入,以至全家人并未感觉到美国正在经历一场经济大萧条。母亲加入斯沃斯莫尔教堂,成为长老会教徒。奈塞尔在住处附近的学校读书。他对自己的犹太人身份有着莫名的强烈排斥,极力渴望成为地地道道的"美国男孩",归属于他所在的美国人同龄群体。尽管并不擅长棒球运动,但由于它是全美国人喜欢的运动,奈塞尔仍然极为迷恋棒球,没完没了地收听棒球比赛。正如他后来所说:"我强烈地依恋这个全美国人运动的一个原因可能是,它证实了我作为一个美国男孩的身份。我需要能确保这种身份才安心,因为我天生九权享有它。"在棒球比赛中的多次失败，促使奈塞尔成为一个终生同情和捍卫弱势者的人。

1941年太平洋战争爆发后，奈塞尔的父亲在美国物价管理局工作了一年，1943年又转到纽约的社会研究新学院研究生院任教授。奈塞尔则到新居所附近的西温哈卡中心高中读书。他在学习方面游刃有余，成绩非常优秀，很快便成为"优秀学生联合会"的一员。尽管成绩优秀，但奈塞尔是个性格内向的孩子，甚至有点儿自卑。他不擅长与人交往，甚至缺乏购物能力，常常感觉自己是一个难以被同龄人接受的"局外人"。为摆脱这种窘境，他尽一切努力从思想和行为上把自己变成百分之百的美国人。他开始从情感上疏远自己的家庭，竭力排斥父母的犹太人口音、学术兴趣、欧洲人的文化价值观与学术界的朋友。到该上大学的时候，或许是为了证实自己的"强者身份"，奈塞尔毫不犹豫地选报了哈佛大学，并且如愿以偿地成为西温哈卡中心高中校史上第一个考上哈佛的学生。

1946年，奈塞尔进入哈佛大学主修物理学。他起初打算成为一名科学家，但逐渐发现物理和化学等科学课程并不怎么能引发他的兴趣，甚至令他无比厌烦。于是，他开始选修历史、政治和文学等具有刺激性的课程，开始阅读小说、打桥牌、参加音乐会和联谊会，开始思索像意志自由之类的深奥问题。正当奈塞尔为自己的专业方向困扰之时，心理学史家波林的心理学导论课拯救了他。尽管波林的课并不精彩，而且将很多社会心理学的主题排除在外，但他把心理学描绘成一个年轻而充满活力的科学领域。奈塞尔内心思忖，心理学刚出茅庐，前途大有可为，说不定自己也能做出一些新的贡献。于是，他连续选修了几门心理学课程，逐渐将心理学确定为自己的主攻方向。此外，莱因探讨超感知觉问题的《心灵所及》（1947）一书也激发了奈塞尔对心理学的兴趣。奈塞尔与同学卡恩合作开展了一项关于超感知觉的实验研究，取得了较为理想的结果，发表在1949年的《超心理学杂志》上。在之后的整个暑假，他和卡恩又进行了多项超感知觉研究，但都以失败告终，这使得奈塞尔决意不再进行此类研究。在学习心理学史的过程中，奈塞尔首次接触了许多相互冲突的理论，特别是行为主义和格式塔心理学。他立即选择了反对行为主义而支持格式塔心理学。一方面，他认为行为主义"自下而上"的人性观机械而沉闷，而惠特海默等格式塔理论家"自上而下"看待人性的方式更为合理；另一方面，出于同情弱势者的性格，他不满行为主义在当时占据绝对统治地位，而要为格式塔心理学呐喊助威。奈塞尔还选修了弗里克的实验课程、利克莱德的方法课程，以及布鲁纳和波斯特曼的知觉和动机课程，了解了心理学的新进展。更重要的是，他选修了米勒的语言与交流课程，较早地了解了语言学和信息理论，而且他还接受了米勒的建议，多学数学特别是高等代数等未来心理学需要的知识。这些都为奈塞尔后来从事认知心理学的信息加工研究奠定了基础。在米勒指导下，奈塞尔以《视觉刺激对绝对听觉阈限的影响》为题完成了本科毕业论文，获得学士学位。

1950年秋，奈塞尔慕名到格式塔心理学创始人之一苛勒所在的斯沃斯莫尔学院攻读硕士学位。奈塞尔在斯沃斯莫尔学院的两年是快乐和宝贵的,他除了参加和斯沃斯莫尔学院的荣誉学生一样的硕士班课程,还担任导师的研究助手和教学助手。在学习过程中,奈塞尔得到了苛勒尤其是汉斯·瓦拉赫和亨利·格莱特曼的悉心指导,从他们那儿学到了不同的研究心理学的方式。他还和纳赫米亚斯、格莱特曼合作撰写了一篇批判赫尔消退理论的文章,发表在1954年的《心理学评论》上。

1952年,奈塞尔认识到,行为主义大势已去,而格式塔心理学似乎也不再是一个可行的选择,时新的观点是信息论。于是,他想到了他的大学指导老师、正在麻省理工学院任职的米勒。来到麻省理工学院后,奈塞尔对那里的课程和研究导向甚是失望,因为没有人对他的反行为主义观点进行积极响应。1953—1954年,因家庭缘故,他趁机回到斯沃斯莫尔学院担任了一年讲师。1954年,奈塞尔再次进入哈佛大学心理学系学习。为了弥补过去几年学业上的损失,他刻苦努力,第一年就通过了各种资格考试。1956年,他博士毕业,获得心理学博士学位,但他并没有立即离开哈佛,而是继续攻读博士后,并在哈佛大学获得了一个讲师职位,讲授关于感知觉的课程,还获得了国家卫生研究院的一个研究员职位。一年以后,即1957年,奈塞尔离开哈佛,奔赴布兰迪斯大学任职。

二、开创认知心理学学科

当时,马斯洛任布兰迪斯大学心理学系主任。奈塞尔对其所倡导的重视人性的人本主义取向倍加赞赏,但他没有接受马斯洛的规劝走上人本主义道路,而是认为心理学的"第三势力"当是认知取向的。慷慨宽容的马斯洛尊重了奈塞尔的选择，支持他从事认知方面的研究。由于布兰迪斯大学离哈佛大学不远，奈塞尔经常参加哈佛大学认知研究中心的研讨。不过，对他影响最大的认知理论家是麻省理工学院林肯实验室的奥利弗·塞尔弗里奇。塞尔弗里奇主要研究机器模式识别问题，尤其是手写字母或莫尔斯电码等模式的识别，还颇有创意地提出了字母识别的平行加工模型——鬼蜮。后经奈塞尔建议，他们二人于1960年在《科学美国人》上共同发表了这一成果。随后，奈塞尔进行了人类模式识别的实证研究。为弥补常规反应时（亦称"潜伏期"，指从刺激开始出现到发生反应所需的最短时间）方法的缺陷，奈塞尔设计了一种视觉搜索范式：被试（心理学实验或心理测验中接受实验或测验的对象）向下扫描一栏字母或数字，直到目标出现时才做出选择反应。扫描速率（显示目标位置与搜索时间之间关系的函数的斜率）便可反映每一次识别所需要的时间。这一范式是后来心理测时法的一种早期形式，也是奈塞尔创建认知心理学学科前所做的最著名的研究。

20世纪五六十年代，尽管行为主义仍占据心理学主流地位，但受惠于现代科学的迅速发展，在行为主义强势抵抗下艰难跋涉的认知研究赢得了可喜的发展空间。以信息加工理论为基础的认知心理学思想兴起，其最重要的标志是1956年9月在麻省理工学院召开的信息理论学术研讨会。心理学的信息加工研究涉及知觉、注意广度、视觉搜索、计算机模式识别、人类模式识别、问题解决和记忆等多个方面，"已经充分到保证有一本书那么长的总结"。然而，尽管学者们原则上都认为,行为主义所持有的机械而被动式的学习理论不足以解释人类主动获取知识的内在复杂心理过程,但心理学界仍然缺少一部从信息加工视角阐述人类认知问题的完整而系统的专著。

长期从事认知心理学研究的奈塞尔,此时正为心理和计算机的关系问题所困扰。一方面,他认为计算机操作和编程是分析心理过程的一种好观念;另一方面,他受格式塔心理学和人本主义心理学影响而无法接受心理和大脑仅仅是计算机这一提议。随着思考的不断深入,奈塞尔在二者之间达成了妥协,在强调人性的前提下,运用计算机的信息加工观点来说明人的认知过程:知觉和模式识别是输入,回忆是输出,二者之间是某种心理加工。到 1964 年末,他再也按压不住内心的冲动,"我的生命似达到某种高峰状态,宛如水银泻地一样,我感到心中有说不尽的话要讲……我决定将这些不同的程序纳入一本书中"。

1965 年春,奈塞尔利用公休假时间开始撰写这本著作,历时两年半于 1967 年出版,并在心理学史上第一次以"认知心理学"命名。奈塞尔撰写此书的首要目标是展现认知心理学研究的概貌并对相关研究进行整合,赋予各种不同的研究范式以合法地位。他在书中对"认知"下了明确定义,即认知是"感觉输入被转化、简约、精加工、储存、恢复和应用的全过程。它与这些过程相关,甚至当它们在缺乏相关刺激的情况下运行时,如在意象和幻想时也是如此。诸如感觉、知觉、想象、保持、回忆、问题解决和思维等术语,和许多其他术语一样,都指的是认知的假设阶段或方面"。这个定义一直为现代认知心理学家广泛认同和采用。

奈塞尔以认知过程各环节的先后顺序作为安排该书结构框架的逻辑线索，即刺激信息输入→多次转换和重构→在记忆和思维中的运用。这本书由四个部分组成，第一部分是导论，只包括第1章（认知取向），阐述作者关于认知取向的基本观点及本书内容框架等；第二部分"视觉认知"包括第2—6章，分别阐述图像储存和言语编码、模式识别、焦点注意和形象合成、词汇作为视觉模式、视觉记忆；第三部分"听觉认知"包括第7—10章，分别阐述言语知觉、声像记忆和听觉注意、主动言语记忆、句子；第四部分"高级心理过程"只包括第11章，论述记忆和思维的认知取向。综观全书，该书主要关注知觉、注意、记忆和语言方面的内容，而对思维、概念形成、问题解决和推理等更高级认知过程的内容论及较少，这反映了当时认知研究水平的局限性。不过，奈塞尔在书中明确指出了记忆和思维的认知性研究路线，为日后认知心理学向重视高级认知过程的研究方向发展提供了指导。此外，该书所列出的321本参考书中有60%是20世纪60年代出版的，这充分说明该书代表了当时认知心理学的最新研究成果。

奈塞尔的这部《认知心理学》专著，首次将以往零散的认知心理学研究整合成一个完整的学科框架，并在心理学史上首次赋予认知运动一个正式名称。它的出版，标志着现代认知心理学即信息加工取向的认知心理学作为一门学科正式诞生。该书出版后引发了轰动，促进了认知心理学的发展。各大学心理学系忙于创建认知实验室并聘请认知心理学家，召开认知研讨会，发表和出版关于认知研究的论著。不仅《实验心理学杂志》等传统的杂志向认知研究侧重，而且还有许多新杂志纷纷产生，如《认知心理学》（1970）、《认知》（1972）、《认知科学》（1977）、《记忆和认知》（1985）等。认知心理学还延伸到心理学的其他分支学科，如发展心理学、社会心理学、人格心理学和变态心理学等。

《认知心理学》出版后，赢得了来自各方的赞誉。巴尔斯称赞说："到目前为止，这些著作中最成功的是奈塞尔的《认知心理学》（1967），它首次呈现了对与日俱增的经验研究进行整合的观点。它给一场已经蔓延开来，但直到那时还仅仅被模糊地感知到的运动命了名，并使之明朗化。……奈塞尔在合适的时间写了合适的书。"心理学史家舒尔茨夫妇称赞说："在心理学史上，这本书起到了里程碑式的作用。"《50位最伟大的心理学思想家》（2004）的作者希伊称赞该书是"认知革命的催化剂"。总之，《认知心理学》的问世标志着行为主义已逐渐走向衰落，认知心理学作为新的力量登上心理学舞台并逐渐占据主流，心理学史从此掀开了新的一页。作为《认知心理学》的作者，奈塞尔毋庸置疑地成为这门新兴学科的开创者，并被公认为"认知心理学之父"。

三、实现生态学转向

1967年，奈塞尔转到康奈尔大学任教。尽管《认知心理学》的出版使他成为心理学界家喻户晓的明星，但认知心理学脱离现实生活的发展态势逐渐令他感到失望，如存在着太多心理测时研究、太多相互冲突的模型，而对人性的关注过少。于是，在接下来的一段时间内，奈塞尔没有紧跟认知心理学的新进展进行实验研究，而是开始反思认知心理学的发展前景。幸运的是，这个时候他结识了康奈尔大学著名生态心理学家吉布森。吉布森对《认知心理学》中的种种信息加工实验完全不感兴趣，而主张使用具有生态学有效性的方法来研究认知。他信奉现实主义，并把知觉者看作主动的信息寻求者。这些观点对奈塞尔产生了深刻影响。奈塞尔逐渐认识到，认知心理学已误入了一个狭隘的"死胡同"，认知心理学家们将研究范围局限于人为实验室情境中，只从事一些与实际生活无关的琐碎心理现象研究，而忽视真实生活情境中的认知，致使研究缺乏生态效度。他渴望建立一门新的且更具生态性的心理学，走出实验室研究日常生活中的认知，避免使认知心理学重蹈行为主义的覆辙。

1973—1974 年，奈塞尔在行为科学高级研究中心度公休假，出版商建议他修订已出版六年的《认知心理学》。然而，在修订的过程中，奈塞尔越来越讨厌阅读迅速增长的认知心理学文献。正如他本人所言："不幸的是，做这件事情意味着要阅读快速增长的认知文献——这一类文献被信息加工模型和心理测时法所主导。我对它的厌恶迅速增长，终于有一天，为了拯救我的生命，我感觉我不能再多读 份反应时研究报告了。"于是，他抛却已写的草稿，花费两年多的时间完成了与《认知心理学》截然不同的经典之作《认知与现实：认知心理学的原理与含义》(1976，以下简称《认知与现实》)。

《认知与现实》旨在推广吉布森的生态学观点，实现信息加工范式与生态学研究范式的结合，试图改变认知心理学自身的发展方向。本书主要致力于解决《认知心理学》问世以来发生的四个重要问题：一是人性的概念问题。近年来认知心理学的发展令人失望，局限于特定的实验室情境，而忽视实验室之外的环境，无助于对人性的深入认识。二是认知心理学的发展问题。当今的认知心理学发生了什么变化？如何看待？其大方向是否真的富有成效？三是吉布森对认知心理学的基本假设提出了挑战，信息加工观点需要重新被审视。四是注意、容量和意识问题。奈塞尔在写作《认知心理学》时尽量避免讨论意识，因为他觉得那时的心理学还不足以研究这一问题，任何的尝试只能导致无知和胡乱推测。然而，此时的许多认知模型都把意识看作信息加工的特殊阶段，这是不对的，需要做出新的理论解释。

该书共包括 9 章内容，其中第 1 章是导言部分。奈塞尔在导言中开宗明义地指出："一种对未来发展有着重大影响的心理学理论能够改变整个社会的信念，正如精神分析确实已经做到的那样。然而，这只可能发生在这一条件下：该理论解释的是人们在真实的、具有文化意义的情境中的行为。该理论阐明的必定不是无关紧要的问题，它必须对这些情境中的被试自身具有某种意义。如果一种理论缺乏这些品质——如果它不具备今天所说的'生态效度'——那么它迟早会被抛弃。"接下来，他以内省心理学、精神分析和行为主义的盛衰为例进行了阐述。奈塞尔认为，内省心理学之所以被舍弃，除了内省方法本身的缺陷，另一个重要原因就是它远离日常生活，所持的人性观过于狭隘和理性，仅仅适用于实验室情境。与之相对，精神分析和行为主义不仅促进了人们对人性的进一步了解，而且能应用于日常生活，因而它们取得了成功。由此，奈塞尔建议，为避免重蹈内省主义的覆辙，认知心理学不应再过于依赖信息加工的计算机模型，而应实现更为"现实的"转向——走出实验室，重视文化，关注发生在日常生活中的知觉和记忆的主要特征，重视研究的生态效度。

在奈塞尔看来，这种"现实的"转向具有深刻的内涵：首先，认知心理学家必须更加努力地理解发生在日常环境和有目的的自发性活动背景中的认知。这并不意味着实验室实验的终结，而是致力于研究那些具有生态重要性的变量而非那些易于操控的变量。其次，认知心理学家有必要更多地关注知觉者和思考者所生活的真实世界的细节，以及真实世界中易得信息的细微结构。已有的研究过于追求心理的假设模型，而未充分分析影响心理形成的环境。再次，心理学必须设法接受人们实际上有能力习得的认知技能的精密性和复杂性，以及这些技能要经历系统发展这一事实。让缺乏经验的被试在短暂的时间内执行新奇的、无意义的任务，这种纯实验几乎不能建立令人满意的人类认知理论。最后，认知心理学家必须审视其研究对于人性这一更为根本问题的意义，而不能将之完全留给行为主义者和精神分析学家来决定。

在接下来的章节中，奈塞尔主要考察了知觉、日常生活中的视觉、图式、注意、认知地图、想象、记忆、言语和认知的结果等问题。其中，他关注较多的是知觉。奈塞尔认为，知觉不仅是基本的认知活动，而且是认知与现实的交汇点。基于这种认识，他创造性地提出了一种新的知觉理论——知觉环理论,并用实验说明之。其观点是:人们的视线中存在许多可以利用的信息,对这些信息的选择需要图式的活动。选择信息的活动会改变原有图式,使之再选择新的信息,这又会进一步改变图式,如此循环往复。这一循环活动存在于每一知觉系统之中。人们注意某些事物,无非是将这些事物置于一个知觉环中。知觉环理论既强调了大脑中原有认知结构的作用,又突出了环境中刺激的作用,是奈塞尔对信息加工认知心理学进行生态学改造在知觉领域的典型体现。

《认知与现实》的出版标志着奈塞尔的认知心理学思想发生了生态学转向,同时也标志着认知心理学在 20 世纪 70 年代的一个重大变化——生态论认知心理学初露端倪。虽然生态论认知心理学是由吉布森提出的,但正是由于奈塞尔凭着他在认知心理学中的地位积极地加以推广,生态论认知心理学的影响才能逐步扩大,使得认知心理学的发展进入了一个新阶段。关于《认知与现实》一书所处的地位,我们可以这样表述:在认知心理学发展的历史上,有两部著作不容忽视,它们观点几乎截然不同,却出自一人之手,而且颇有点"自己反自己"的味道。其中一部在认知研究领域掀起波澜,标志着一种研究取向作为一门新学科正式登上了心理学舞台;相隔仅十年不到,另一部著作又诞生,而且它是以一个"拯救者"的身份,试图将之前的那种研究取向引向一个新方向。尽管它的目标并未像预期的那样完全实现,它的影响力也远远不及前一部,但这不是它的过错,我们只能说这是由"历史的惯性"所决定的,即一种新的学术潮流(这里指信息加工取向的认知心理学)一旦兴起,人们就很难在短时间内使它大幅度地改变方向。不过令人欣慰的是，它毕竟使认知心理学的"历史车轮"向前迈了一大步，并且它将继续对认知心理学甚至整个心理学的未来发挥作用。

四、生态记忆研究

到 20 世纪 70 年代末，特别是吉布森去世后，用生态学方法研究日常生活背景中的记忆成为奈塞尔的主要兴趣所在。自 1885 年艾宾浩斯以无意义音节为材料研究记忆以来，在严格控制的实验室条件下机械地研究记忆一直是记忆研究领域的主流范式，而在真实生活情境中研究日常记忆的自然传统一直处于边缘地位。奈塞尔坚持认为，在生活背景之外研究记忆的做法是不可取的，而用生态学方法研究日常生活中的记忆才是明智的。他希望能在记忆的生态研究方面取得真正突破，从根本上改变大家对记忆研究的态度和模式。

1978 年，关于"记忆的实用方面"的国际研讨会在英国威尔士的卡迪夫举行。奈塞尔趁机做了题为《记忆：重要的问题是什么》的精彩发言，阐明了对记忆进行生态学研究的基本观点。他在发言中坦率地表达了这样的观点："传统的记忆心理学百余年的努力没有取得什么成绩，部分原因在于它系统地避免了最有趣的问题。正如对动物行为自然的、生态的研究被证明比传统的'动物学习'研究要有趣得多一样，对记忆的自然研究可能要比它的实验室研究更富有成效。"为了表述记忆的研究现状，奈塞尔还形象地提出了一条规则："如果 X 是记忆的一个有趣的或具有社会价值的方面，那么心理学家几乎从未研究过 X。"这次演讲报告，可以说是奈塞尔正式涉足生态记忆研究领域的宣言书。

在生态记忆研究方面，奈塞尔最典型的案例要数对水门事件中尼克松总统的白宫法律顾问约翰·迪安的记忆进行的个案研究。在研究中，奈塞尔主要利用了两种资料来源：一是在总统办公室召开的两次重要会议（分别在 1972 年 9 月 15 日和 1973 年 3 月 21 日召开）的录音文本记录，这些文本保持了原样，未经尼克松编辑处理；二是水门事件调查委员会对约翰·迪安就这两次会议的内容进行盘问的文本记录。这两次会议都与尼克松总统有关，在水门事件调查中起着关键作用。奈塞尔将每次会议的录音文本记录与迪安在盘问期间对会议的陈述进行了详细对比和分析。结果表明，在许多情况下，尼克松根本就没有说过迪安后来回忆中他所说过的话，至少不是在迪安认定的情境下说的。奈塞尔认为，基于意愿、欲望、自我中心等人格特质的重构在迪安的回忆过程中扮演着至关重要的角色，甚至在他试图讲真话的时候，迪安也禁不住要强调自己在每个事件中的独特作用。但是，奈塞尔并不认为迪安经过重构的记忆是完全错误的。虽然迪安混淆了一些事件的内容、时间和地点，重组了一部分在尼克松办公室内对话的内容，但在某种意义上或者在"更深层次"上，迪安的确是在讲述与尼克松的白宫有关的事实。奈塞尔把迪安的记忆称为"重复情节记忆"，即代表了一系列重复出现的事件的共同特征。奈塞尔的这一研究案例于 1981 年在《认知》杂志上发表，引起了广泛关注，许多记忆心理学家开始逐步尝试研究日常生活中的记忆。奈塞尔也成为最早走出实验室专门研究记忆的心理学家。

为表明记忆生态学研究的趣味性，推广记忆研究的生态化，趁1980—1981年度公休假期间，奈塞尔编著了《观察的记忆：在自然背景中的记忆》（1982）一书。该书不同于一般记忆心理学的理论教科书，它是一部带有故事性的趣味读物，一般读者甚至外行读者阅读起来都游刃有余。书中所选取的阅读材料都是颇具代表性的日常记忆研究案例，内容涉及童年回忆、目击证词、"闪光灯"记忆、特殊人物的记忆等多个主题。每个案例的导读和评论都通俗易懂，并且通俗中蕴含着深刻的道理。和15年前的《认知心理学》一样，《观察的记忆》没有让奈塞尔失望。它在特定范围内改变了认知心理学的发展方向，记忆的生态学研究有了很大发展，并且继续保持着良好发展势头。在记忆研究领域，生态学方法某种程度上已经成为一种可行的替代信息加工的方法。一股生态记忆研究的潮流以令人吃惊的姿态出现，内容涉及自传体记忆、学校学习记忆、期待记忆和注意分散、法律证词记忆及事件、地点、人物和其他记忆等，这些研究都是来源于现实生活的记忆研究。当然，该书所引发的批评也很多，但奈塞尔都泰然处之，"如果有人不辞辛劳地攻击一部已出版的作品，那么它一定是重要的！"

1983年，奈塞尔来到亚特兰大的埃默里大学任讲座教授，并启动了"埃默里认知研究计划"，相继举办了多次学术研讨会，继续对记忆进行生态学研究。在奈塞尔经手的诸多记忆研究中，特别有趣的是对有关"挑战者号"空难记忆的研究。1986年1月28日，美国"挑战者号"航天飞机意外发生爆炸。次日早上正在沐浴的时候，奈塞尔突然想到这一灾难场景对许多人而言可能会成为一种"闪光灯"记忆,这是一个获取基线描述资料的好机会,得赶紧抓住。于是,那天早上的晚些时候,奈塞尔布置了一份特殊作业,让心理学系的大一新生填写一张与"挑战者号"遇难有关的调查问卷,内容涉及他们何时听到这个消息、在哪里听到、当时在做什么、和谁在一起、谁第一个通知、当时感觉如何等。三年后,他再次联系这些已入毕业班的学生,对他们进行重测并附加了一个新题目,即他们"对自己答案的确信程度"。结果令人惊讶,只有大约十分之一的人能正确回忆当日现场的每一个细节,四分之一的人存在部分错误,而相当多的被试所报告的满怀信心的记忆是完全错误的。例如,其中一个女生回忆说:"一个女孩子尖叫着穿过了宿舍,大喊'航天飞机爆炸了'。"相反,她最初的描述显示,她实际上是午饭时从朋友那里得知这个消息的。当被试看到1986年他们自己原来的说法时,很多人都为现在的说法与之产生的差距而惴惴不安,但他们继续认为自己此时此刻的说法是正确的,而原来的说法可能有出入。奈塞尔将这种"错误"称为"叙述重构"。

作为生态记忆研究的"领头雁",奈塞尔在埃默里大学主持的生态记忆研究成果主要体现在"埃默里认知文集"系列的第二卷、第三卷和第四卷中。它们分别是《记忆的再思考:记忆研究的生态学取向和传统取向》(1988)、《年幼儿童的认知和记忆》(1990)和《情感和回忆的准确性:"闪光灯"记忆研究》(1992)。

五、晚年对自我和智力问题的探索

奈塞尔在60岁时仍然继续开拓着自己的研究领域,逐步对自我等问题进行深入研究。他将生态学和深度认知这两种曾经被视作对立的研究取向结合到一起，提出了一种新的自我理论。在奈塞尔看来，自我可以通过五类信息来加以详细说明。据此，自我可以有五类：（1）生态自我，指个体参照自身所处的当前物理环境而直接知觉到的自我，如"我是在这个地方的一个人，正在从事这一具体活动"。（2）人际自我，指通过种族特有的情感融通和相互交流的信号来表现的自我，如"我是这里的一个正在进行人际交往的人"。（3）扩展的自我，指基于我们个人记忆和预期的自我，如"我是具有某些特定经历并且经常做一些具体而熟悉的常规事务的那个人"。（4）私密的自我，指一个人的经验在某些方面是不能和别人直接分享的，如"我是唯一一个能感受到特有苦痛的人"。（5）概念的自我，是由人们对自己的看法决定的，其意义来源于各种基于社会的假设和理论，并且这些假设和理论一般是关于人性特别是关于我们自己的。有些理论通过社会角色（如丈夫、教授、美国人）来界定自我，有些理论则通过假设的内在实体（如灵魂、无意识心理、心理能量）或具有社会意义的维度差异（如智力、吸引力、财富）来说明自我。

在自我的这五个层次中，前面的两种自我是建立在直接知觉基础之上的，后面的三种自我不是人们直接体验到的，而是建立在内省和思维基础之上，也即通过对过去的生态自我和人际自我的回忆、想象和思考，对当前环境中的自我进行新的建构。可见，奈塞尔的这个自我理论是发展得比较好的、比较完整的生态学理论。它既注意到了有机体与环境的交互作用（在生态自我和人际自我中体现），又注意到了有机体内部机制的发展（在扩展的自我和私密的自我中体现），体现出奈塞尔将生态学理念与深度认知观点相结合的研究思路。1988年，奈塞尔将这一理论整理成文章发表在《哲学心理学》杂志上，题为《五种自我认识》。随后，奈塞尔将自我的研究增列进了"埃默里认知研究计划"，举办了五次学术研讨会，取得了丰硕成果，主要体现为三卷"埃默里认知文集"：《知觉到的自我：自我认识的生态学和人际的起源》（1993）、《回忆的自我：自我叙事的建构与准确性》（1994）和《背景中的概念自我：文化、经验、自我理解》（1997）。

奈塞尔对智力和教育问题也进行了积极关注：智力如何测量？社会阶层和种族在智商上的差异应该如何解释？早在1986年，他就编辑出版了论文集《少数族裔儿童的学业成绩：新视角》。1994年，赫恩斯坦和默里的著作《钟形曲线：智力与美国生活的阶层结构》引发了热烈争论。1995年，为解决由此产生的种族、教育、遗传和智力等问题，美国心理学会决定成立特别工作小组，并推举奈塞尔为该小组的负责人。1996年，奈塞尔主持撰写的研究报告《智力：已知与未知》在《美国心理学家》杂志上发表，引起了强烈反响。随后，奈塞尔组织召开了他在埃默里大学的最后一次学术会议，专门论述"弗林效应"问题，即自20世纪30年代起，美国人的平均智商分数每十年增长3%。后来，他将此次会议的内容编辑成《上升的曲线：智商的长期增长及相关测量》（1998）一书出版。

1996年，奈塞尔在埃默里大学退休后再次回到康奈尔大学，任该校名誉教授,直至 2012 年 2 月因帕金森综合征而去世。

回顾奈塞尔的一生,他不仅是一位独特的思想家,而且是一位卓越的学术领导者和组织者,一名多产的作家。他发表学术论文百余篇,出版专著和编写文集 10 余部,曾获得古根海姆研究基金和多个荣誉博士学位,并担任美国国家科学院院士、美国艺术和科学院院士、美国实验心理学家学会成员。

(作者:王申连 郭本禹)

瓦雷拉
心智科学时代的赫耳墨斯

弗朗西斯科·瓦雷拉
(Francisco Varela, 1946—2001)

> 赫耳墨斯不同于大多数希腊神祇，那些神往往只掌管生活的一两个方面，赫耳墨斯却关系到生活的很多特性。
>
> ——庞思奋《哲学之树》

> 弗朗西斯科·瓦雷拉，一位科学团体中可爱、敏锐、对人类个体富有同情心且充满才气的研究者，他在许多领域成就斐然。同时他还是一位一丝不苟的学者、一位严谨的实验神经科学家。他拥有探索多学科领域的勇气，而大多数人往往对此畏葸不前。尽管某些人对其在许多领域上做出大胆推测并杂糅在一起及热衷于挑战已然确立的信念的做法持有异议，但这种在学科间罕见的联系能力促使他成为一位非常特殊的学者，并且让他的朋友与合作者总是对他情有独钟。
>
> ——纽约大学医学院脑研究实验室主任 E. R. 约翰

弗朗西斯科·瓦雷拉，智利著名生物学家、神经科学家、心智科学（或认知科学）家与哲学家。瓦雷拉终生致力于生命、心智和意识之本性的研究，他以心智科学界的赫耳墨斯形象闻名于世。在其短暂、充盈而又富有传奇色彩的一生中，瓦雷拉不仅是心智科学创生和蓬勃发展的见证者，也是其中积极的参与者和研究者——他提出并倡导了一些开创性的心智研究观念和进路。

在其探寻生命、心智和意识之本性的哲学-科学生涯中，瓦雷拉曾经说过："我估计在我的一生中只有一个问题：为什么涌现的自我，这些虚拟同一性，会在创造世界的所有地方——无论在心智/身体层次、细胞层次或是跨有机体层次上——到处出现？这个自我涌现的现象是如此多产，以至于它不停地创生出一些全新的领域：生命、心智和社会。"为了回答这个问题，瓦雷拉开始了一个贯穿生命—心智—意识的全景式的研究计划，这些工作具体包括：（1）关于生命本性及生命与认知关系的自创生研究；（2）关于心/身关系、认知主体与环境间关系的具身心智和生成认知研究；（3）关于意识研究中第一人称与第三人称关系的"神经现象学"纲领；（4）一些关键主题的实验研究，如三色视觉、意识事件的大尺度神经整合的神经动力学、癫痫发作前患者脑电图的动力学变化及其预测等。值得称道的是，瓦雷拉在他的科学生涯中表现出一种独具魅力的研究风格：第三人称的实验方法与第一人称的体验方法相辅相成、直觉与实证互为砥砺、灵性与理智彼此接引、科学与人文交相辉映。这正如古希腊神话中宙斯之子——足蹬飞鞋行走在天与地之间，沟通各界讯息并将那些看似毫不相干的领域联系起来的信使赫耳墨斯。

一、生平传略

1946年9月7日，瓦雷拉出生于智利的一个重要港口城市塔尔卡瓦诺（在南美洲土著方言中这个名字意味着"来自天堂的雷鸣"）。他的父亲是一位享有名望的建筑工程师，母亲是一位敏感的艺术爱好者。父母赋予瓦雷拉两大特质——智慧与敏感性，使其兼具分析性的科学思维与体悟性的人文关怀于一身。瓦雷拉三岁时举家迁往智利首都圣地亚哥，在那里他度过了绝大部分的童年时光。此后，他进入圣言学院接受了深厚的古典教育，这些教育使他在文学、艺术、哲学和科学上终身受益。尽管瓦雷拉只将心思花在自己最喜欢的事情上，但他还是在几乎所有的科目上获得了优秀的等级。他很早就彰显出对生物科学和数学的爱好，并沉迷在亚里士多德、加塞特和萨特的哲学思考之中。

毕业之后，他考入圣地亚哥天主教大学医学院，并于1963年获得生物科学的三年制学士学位。作为一名医学生，他邂逅了以胡安·比亚尔为代表的第一批导师，他们均给予处于青年时期的瓦雷拉以深远的影响。在瓦雷拉求学于医学院的第一年里，比亚尔博士允许他进入自己的实验室，在那里瓦雷拉以学徒的身份参与对卵磷脂组织化学着色的神经装片的研究。这是他第一次"亲手"体验细胞生物学。1966年4月，在比亚尔博士的引荐下，瓦雷拉在智利大学科学系的实验室拜访了著名生物学家温贝托·马图拉纳。1967年，他在马图拉纳指导下获得智利大学生物科学的硕士学位，在那里他接受了严格的生物学、物理学与数学训练。同一时期，为了打下更为广泛的基础，瓦雷拉还开始在智利古老的师范学院研习哲学。在那里，弗朗西斯科·索莱尔通过阐述胡塞尔、海德格尔与梅洛·庞蒂的工作向他介绍了欧洲现象学，这些工作为其后来将现象学与认知科学联系在一起打下了烙印。而在科学系，费利克斯·施瓦茨曼传授他以亚历山大·柯瓦雷为代表的法国学派的科学哲学思想。1968—1970年间，瓦雷拉追寻导师马图拉纳的足迹来到哈佛大学继续深造。他在基思·波特和托尔斯滕·维泽尔（1981年诺贝尔生理学或医学奖得主）的共同指导下完成了题为《昆虫视网膜：复眼中的信息加工》的博士论文，并由此获得博士学位。

从哈佛大学毕业之后，他于1970年回到了智利并就任智利大学的助理教授，在那里他与恩师马图拉纳开始了一段富有成效的合作时光。为了回答生命本性的问题，他们一起提出了"自创生"概念。通过这个概念，他们指出，有机体是一个具备产生其自身组件能力的组织不变性的闭合系统。然而，1973年发生在智利的军事政变迫使大批的智利科学家开始移民。瓦雷拉和家人也在这时被迫逃离智利。他先是流亡到哥斯达黎加，最后定居于美国科罗拉多州的博尔德并接受了位于丹佛的科罗拉多医科大学的助教职位。在这所大学里他授课并继续从事研究直到1978年。这一时期他的兴趣是将自创生理论应用于免疫系统，并将其设想成一个交互的封闭网络。在与科蒂尼奥等其他杰出免疫学家的交流中，瓦雷拉进一步发展了他的观点。在定居博尔德的几年里，瓦雷拉经历了生命中的一个重要转折——他开始涉足佛教修行和佛教哲学，并拜邱扬·创巴仁波切为师而成为一名藏传佛教静心的严肃修行者。他同时也为位于博尔德的纳洛帕学院（现为纳洛帕大学，全美超个人心理学研究的三大重镇之一）组织筹办夏季科学项目。该项目尝试将西方大学的课程与东方冥想或沉思训练结合起来。1978—1979年间，他作为林迪斯法尔内协会的驻校学者，在纽约大学医学院的脑研究实验室访学了一年，开展了"知觉框架与α波节律"研究。1980—1985年间他重返智利大学（1984年他作为高级访问研究者在德国法兰克福的马克斯·普朗克研究院进行脑研究），主要从事人类和鸟类色觉的神经生理学研究，并涉足自治性、自指、细胞自动机、人工智能及实验认识论等主题。1985年，他与马图拉纳一起出版了名著《知识树》，该书展示了一个有关人类理解的生物学根源的新颖视角。

1986年，瓦雷拉再一次离开智利并移居法国巴黎。在那里，他以神经科学研究所和认识论应用研究中心为基地，组建了一个研究视觉神经生理学的研究团队，并于1988年被任命为法国国家科学研究中心主任。1990年，瓦雷拉与世界宗教界人士合力创办了"心智与生命研究院"，该组织旨在为科学与佛教之间的交流提供平台。在这一时期，瓦雷拉与汤普森和罗施合作开展了一项围绕认知科学与人类经验互惠关系的研究。在这项研究中，他们开启了一个在认知科学、现象学与佛教传统之间的深广对话。这项历时多年的研究结果就是现在堪称经典的《具身心智：认知科学和人类经验》（1991）一书。书中明确提出并论证了具身心智、生成认知、人类认识的中道及生命体与环境共演化的自然漂移说等重要思想。

伴随着20世纪90年代意识研究的兴起，瓦雷拉的科学生涯迎来了又一个创造性的高峰。他开始了关于意识的观念性思考和实验研究。这些工作主要体现在以下三个方面：（1）大尺度整合的神经动力学研究。他相继开展了有关不同脑区中同步振荡的神经动力学研究、有关知觉活动时脑区中相位－锁定和同步振荡研究，以及癫病发作前患者脑电图的动力学变化及其预测。在去世前一个月，他与同事提出了"脑网"思想，即一个统一的认知瞬间的涌现依赖于大尺度的脑整合，而该整合的最合理的机制就是由多频段上的同步振荡所调节的动态联结的形成。（2）神经现象学。在1996年，为了应对查默斯提出的意识"困难问题"，瓦雷拉提出了"神经现象学"方案。（3）推动意识研究共同体的建立。瓦雷拉是多个意识跨学科交叉研究的群体积极而热情的支持者，例如他是意识科学研究协会（1994）的创始人之一，直到去世前夕他仍在积极地考虑筹办2002年意识科学研究协会的会议。他还是亚利桑那州立大学意识研究中心的强有力的支持者，并成为《意识研究杂志》的编辑顾问团成员之一。他同样也是一个新创刊物《现象学与认知科学》的设计者和咨询顾问编辑。

然而不幸的是，早在20世纪90年代初，瓦雷拉就罹患了丙型肝炎，随后病变为肝硬化和肝癌。虽然他于1998年接受了肝脏移植手术，但并未取得理想的效果。2001年5月28日，由于两周前一次放疗引起的病情加剧，瓦雷拉溘然辞世。他的骨灰安葬在蒙特格兰德他父母避暑别墅的花园里，毗邻埃尔基山谷。

在其杰出的学术生涯中，瓦雷拉获得了诸多荣誉，如：由艾尔弗雷德·P. 斯隆基金赞助的神经科学奖（1976—1978），曼努埃尔·诺列加美洲科学奖（1986），古根海姆美洲亚历山大·冯·洪堡奖（生物科学）（1986），法国天主教科学家基金（1986—1991），科学与文化贡献的意大利总统勋章及法兰西共和国参议员的金质奖章（1999）。

二、学术贡献

1. 自创生

自创生理论是由马图拉纳和瓦雷拉在 20 世纪 70 年代首次提出的,旨在解决"生命究竟是什么"这一难题,其主要思想在二人合著的《自创生与认知:生命的实现》一书中得到了比较完整的体现。

"Autopoiesis(自创生)"一词来自希腊语,其含义是"自我生产"。这个带有哲学意味的词语试图说明:生命体的一切生命活动的目的都在于维持其自我生产的组织不变性。最小的自创生例子是生物学上的单细胞。它通过内部自我生产出的细胞膜与外部环境区分开来,而细胞膜同时是其进行内部生产的必要条件。生命体处于不断从环境吸收营养、排出废物的相互作用的过程中。自创生强调:首先,生命体与环境的相互作用是由生命体自身结构决定的,而生命体与环境的相互作用最终是为了实现生命体的自创生组织。其自身结构决定了与环境相互作用的方式,也决定了其自身结构的变化。因此,生命体之所以能够在变化的环境中生存下来,在于其与环境的相互耦合过程,而不是达尔文意义上的生物对环境的"适应"。其次,生命体是组织闭合的,它的组织产物即是它自身,然而组织闭合并不代表它是物质能量闭合的,在这个意义上它对于环境又是开放的。事实上,自创生理论旨在说明生命体的自我生产的特性,在这个意义上它已经表现出了最基本的主体性。与自创生相对的是"他创生",比如某些人工制造物如一辆汽车无法通过它自己来实现它的自我生产。因为制造和运转所必需的材料完全来自外界，而最重要的是，汽车本身并不能实现它自己的功能，它的功能是由外在的人所赋予和驾驭的。

关于满足自创生的条件曾经有好几种说法，瓦雷拉在后来的著作中提出了以下关于自创生的简化定义："一个系统若是自创生的，则（1）系统必须有一层半透性边界；（2）这个边界必须由边界内发生的反应网络所制造；（3）反应网络必须包含再生此系统成分的反应。"例如，在单个细胞中，细胞外围被一层细胞膜所包围，这层细胞膜起到一个半渗透膜的作用，外部物质和能量可以通过细胞膜的筛选而进出，而这一切都是由细胞的生命活动决定的。细胞膜是新陈代谢活动的条件，同时细胞膜又是由新陈代谢过程生成的，这里存在着一个循环因果关系。

自创生理论的意义在于，它为弥合科学与人类体验之间的鸿沟提供了一种可能，确切而言就是对于主体性的关注。传统的生命科学和认知科学将主体性从具体的生命个体中剥离出来，用科学的、抽象的第三人称的视角来看待生命。生命是个体在具体境况中通过其生命活动实现自身的过程，而不是静态的 DNA 指标。感知从属于生命体的生命活动，它是生命体通过与外部世界的关联更好地实现自身的方式。从一个静态的、抽象的、第三人称的视角转向具体情境中的第一人称的体验，这是自创生理论对于生命和认知理论最大的贡献。

2. 具身心智与生成认知

具身的或具身化是当代理解心智与身体关系的一个关键概念，

它也是"第二代认知科学"认知观的基石之一。作为具身心智观的主要倡导者和研究者,瓦雷拉提出了具身心智观,这是基于一种对认知科学中理性主义与经验主义(或又称之为客观主义与主观主义)立场之间对立的超越——他称之为"认知科学的中道":有机体的认知活动既不是对预先给予的"外在存在"的恢复也不是对"内在存在"的表征与投射,而是依赖于有机体经验与身体,通过具身行为的方式而涌现生成的。所谓具身,主要包含以下两层意义:第一,认知依赖于经验的种类,这些经验来自具有各种感知运动的身体;第二,这些个体的感知运动能力自身内含在一个更广泛的生物、心理和文化的情境中。所谓行为,则强调了感知与运动的过程、知觉与行为本质上在活生生的认知中是不可分离的。在个体中这两个方面的联结并非纯粹偶然的,而是通过进化耦合在一起的。而生成认知则进一步预设了认知结构是从身体、神经系统与环境之间再现的感知运动耦合中涌现出来的。其包含两个层面:(1)知觉存在于由知觉引导的行动;(2)认知结构出自循环的感知运动模式,它能够使得行动被知觉引导。

瓦雷拉首先以颜色知觉为例雄辩地论证了具身心智观的合理性。在颜色知觉方面,传统的理性主义认为颜色仅仅是物体表面的反射率。通过借鉴大量视觉心理学、神经心理学与病理学方面的证据,瓦雷拉指出:"如果颜色仅是物体表面反射率,那么我们应当能将这些颜色的特征与相应的表面反射率特征匹配起来。但是并不存在这样对应的特征。表面反射率可以根据它们是否反射光谱区域中更多或更少的短波、中波和/或长波来进行分类,但它们既不能被归类为唯一的或二元的,也不能被归类为与其他反射率相对应。而且这些唯一性、二元性和对立性也不能在光的结构中得以发现。因此,规定颜色是什么的属性完全没有非经验的、物理的对应物。"其次,瓦雷拉又援引了来自跨文化心理学与人类学的研究发现,如说英语的人倾向于夸大接近绿-蓝分界线的那些颜色的知觉距离,而说塔拉乌马拉语的人则并不这样。因此,一方面,视觉系统并不像理性主义者假设的那样是以预先给予的对象来呈现的,相反,对颜色的认知依赖于我们的具身知觉能力;另一方面,它也不像经验主义者认为的那样,颜色范畴脱离于我们共有的生物和文化的世界。对于生成认知的含义可以通过瓦雷拉时常引用的一则实验予以阐明:赫尔德与海因在黑暗中饲养了几只小猫,且只在控制条件下才让它们见到光。其中一组猫可以允许正常走动,但它们每一只都被套了车架与篮子,篮子里面各装一只第二组的猫。因此,两组猫都享有同样的视觉经验,但第二组猫完全是被动的。几周后发现第一组小猫行为正常,而第二组小猫走路跌跌撞撞,看起来就像是瞎的。这个研究说明物体不是通过特征的视觉提取被看到的,而是通过行动的视觉引导而被看到的。

具身心智与生成认知观的意义在于,首先,这两个概念一方面拓宽了心智科学的视野,同时把活生生的人类经验和内在于人类经验的转化的可能性囊括其中;另一方面,也拓宽了一般日常经验的视野,以求从心智科学已取得的深刻洞见与分析中印证常识。其次,作为捆绑在一起的一对孪生概念,二者互为支撑,既从本体论层面上界定了心智的本质,又提供了一种揭示这一本质的认识论基础与动态机制。

3. 神经现象学

1996年，查默斯提出了"为什么认知或心智事件总是伴随着现象体验"的疑问，即所谓意识的"困难问题"或"解释的鸿沟"。为了应对并化解这一难题，瓦雷拉发表《神经现象学：一种应对困难问题的方法论救治》，详细勾勒了神经现象学方案的概貌。瓦雷拉指出，没有哪种纯粹的第三人称的理论假设或模型能够克服解释的鸿沟。他敏锐地认识到了第三人称进路的失败原因："在所有机能主义的解释中所缺乏的不是解释的连贯性，而是它与人类生命的疏远。只有将生命放回其中才能消除这一鸿沟，而不是寻求一些'额外的成分'或深奥的'理论修正'。""神经现象学"这一术语同时受惠于西方哲学的现象学传统和东方的"心学"传统。其核心目标是通过将精确和严格的现象学探索得到的经验融入意识的认知神经科学实验报告，从而产生新的数据。因此，在方法论上，神经现象学强调：（1）通过对经验进行有训练的现象学探索来获取丰富的第一人称数据；（2）使用这些原始的第一人称数据来揭示有关意识生理过程的重要性。

神经现象学的首要任务是采用第一人称的现象学方法来获取原始且精确的第一人称数据。虽然被试作为一个自身经验的观察者和报告者，其能力存在差异是非常自然的，但这些能力却可以通过不同的现象学方法予以增强。"第一人称方法"是指通过实践训练可以增强被试在不同的时间尺度上对其自身经验的敏感性。这些实践包括对注意和情感控制的系统训练。这些实践存在于现象学、心理治疗和反思式冥想等传统中。使用这些方法能让被试获得接近自身经验的某些方面（如短暂的情感状态和注意的量）的机会，而在被试的言语报告中有关经验的其他方面就会被忽视或无法利用。另一方面，实验者采用第一人称方法来策划使用现象学报告，能获取更多至今不为人知的生理过程，比如脑电图与脑磁图记录到的大脑反应的变化。在实验水平上，神经现象学的"工作假设"是采用第一人称的方法对与意识有关的生理过程的分析和解释进行严格的限制，使其产生出现象学意义上精确的第一人称数据。此外，以这种方式产生的第三人称数据最终将会限制第一人称数据，使得二者的关系成为一种动态的"互惠约束"。

神经现象学的意义在于，首先，它为化解意识的困难问题寻找到一条独特的进路，其不同于任何尝试解决该问题的传统心智科学方案。在这个科学纲领下意识研究的第一人称与第三人称方法首次被有机地整合起来，用以探索意识经验的主观性。虽然这个纲领在最初提出时含有许多猜想与假设的成分，但随着瓦雷拉的博士生卢茨等人后续实验的深入，该框架的指导性、合理性与预见性正被不断地证实。其次，它引领了自然化的现象学运动，有助于经典现象学分析的革新。

三、评价与影响

系统考察瓦雷拉的影响并做出合理评价本身就是一项至今未能完成的事业。而在这个过程中，瓦雷拉的赫耳墨斯形象再一次清晰地浮现出来。

1. 人格魅力

瓦雷拉那与生俱来的人格魅力犹如赫耳墨斯，他不仅是雄辩之神与诸多同道的庇护神，也是"在长生不老的众神里最先展示善意的人"（《荷马史诗》）。无论是长期合作还是短期共事的同事，也无论是深稔熟谙抑或萍水相逢的朋友，都会被他那出类拔萃的领袖气质与舍我其谁的担当精神所感动，更被其幽幽散发出的令人难以抗拒的善意与亲和力所吸引。美国计算机学家与"人工生命之父"克里斯托弗·兰顿教授这样形容道："有一种人能在你坐下来听他讲话时用一种鼓动的风格口齿清晰地谈论他的观点，你还发现自己频频点头地说：'对，对，对，这一切真的很棒。'瓦雷拉就是这种人。"瓦雷拉的忘年交、心智哲学家汤普森则回忆了15岁那年与瓦雷拉初识时的场景："弗朗西斯科提出了一些可应用于身心问题的关于二元性和自指的观点，我记得阅读这篇文章时就觉得它讲了很重要的东西，但却无法完全理解。我还记得听过他和物理学家戴维·芬克尔斯坦关于自然系统和逻辑及数学之间关系的争论。尽管以我的知识和经历还无法理解，但他们的争论仍使我着迷。"葡萄牙免疫学家科蒂尼奥深情地缅怀道："我非常幸运能与他结伴走过这一段短暂的时光。倘若没有弗朗西斯科·瓦雷拉，我的科研与人生都将变得黯然失色。"而从瓦雷拉强烈的人本主义关怀及其给予周围人——妻子、孩子、朋友、学生与同事的热心和率真中，我们可以再次领略到他的庇护神形象。瓦雷拉的同事兼挚友、心理学家罗施教授铭记着这样一件往事："在第一次心智与生命会议期间，当我们听说会前注射的丙种球蛋白可能将我们置于感染艾滋病的威胁之下，而会议期又遭逢印度国内宗教动荡与排灯节前夕的特殊日子，所有与会者都为此担忧不已。我记得清晨我们一群人坐在宾馆的大厅里，与飞机晚点及天真的美国科学家瞪大眼睛形成鲜明对照的是，弗朗西斯科竟兴味盎然地为我们判断着哪一次爆炸是燃放烟花的声音，而哪一次又是枪炮声。从那时起我逐渐明白，弗朗西斯科是那么令人舒坦。这是一个安逸的人，他的身体与其所处环境之间是如此和谐……他让每个旅行者无论身处何地都能感受到在家的感觉。随后，当所有已被接种的与会美国学者开始生病的时候，弗朗西斯科又展现出另一面：他深切地注视着那些由他负责带领并关照的与会者，目光中流露出伟大的仁慈。"

2．学术与社会活动

一方面，在古希腊神话中赫耳墨斯不仅负责沟通人神之间的信息，而且在将神谕传达给凡人时，他还需要把神界的语言转换为人间的语言，因此这涉及的就不纯粹是传达，还有翻译、说明与诠释（"诠释学 [Hermeneutics]"就以赫耳墨斯的名字为词根）。瓦雷拉在学术与社会生活领域内，也同样都展示出赫耳墨斯一般的强大沟通、组织、传播、诠释能力。在沟通方面，他肩负沟通心智科学众多内部分支与外部学科的使命，并通过匠心独运的假设构思、身体力行的实证修悟与纵横贯通的嫁接联系将生物学、心理学、神经科学、数学、系统科学、人工智能、现象学及宗教学紧密地整合起来。这种联系与沟通能力对于旨在解开人类意识本质、起源与发展规律，而又面临学科内部各分支壁垒重重、学科本身定位模糊不清局面的心智科学而言具有重要意义。瓦雷拉的工作开辟并推进心智科学的"综合科学"时代加速来临。在组织方面,在瓦雷拉的积极筹措与倡导下,2001年5月21—22日在美国麦迪逊的威斯康辛大学举办了"心智、大脑和情绪的转化:关于冥想的神经生物学和生物-行为学研究"会议,这次会议无论对于瓦雷拉本人抑或整个心智科学界都是一个美梦成真的事件:在有关长期修行者的冥想对认知和情绪效应的认知神经科学研究的背景下,西方最好的脑科学与东方佛教的冥想修行及心理学领域的学者汇聚一堂。又如,尽管瓦雷拉的大部分科学生涯都在智利之外的国度展开,但他经常与工作在不同研究领域的智利科学家保持着密切的接触。在传播知识与观念方面,瓦雷拉于1999年加入了一个由智利政府命名的"千禧年倡议"基金会,用来支持科学研究。在逝世前六个月他还组织了一次由智利生物学与生物技术千年协会赞助的"2000年千禧年会议"。在这次会议上,他做了题为《大脑与意识》的报告,报告厅内座无虚席,听众们都被瓦雷拉最近在人类心智领域内的探险历程所吸引。在诠释方面,瓦雷拉的论著中经常引用生动且具有说服力的论据,如通过阐述细胞在含蔗糖食物中的活动规律来论证自创生系统的本质。部分诠释甚至超越了一般学术意义上的建构,而升华为一种对心智与生命关系的深刻洞悉,最终通过心智科学的深化而植入到大众心中。

在这种沟通能力背后,折射的是瓦雷拉天才的创造力与联系力,他被誉为"伟大的观念催化剂"。他常常告诫自己的学生:"观点飘浮在空气之中,想要抓住、理解并发展它们就必须时刻敞开头脑。"著名理论生物学家考夫曼同样毫不掩饰地赞叹:"弗朗西斯科·瓦雷拉有着惊人的发明创造能力和随心所欲的想象力。"德国文献学、新闻学与生物学家博克森博士也评价道:"瓦雷拉是一位综合的大师……并且是一位受人尊崇、令人兴奋、充满激情的特殊天才研究者。他就是为建构类似认知科学的现代系统理论而生的。在国际科学舞台上,他永远是一位非正统的灵感启发者。"临床心理学家马克斯-塔罗与马丁内斯形象地将瓦雷拉在跨学科领域的贡献比喻为"像涟漪一样荡漾开来"。

但另一方面,赫耳墨斯的信使角色还隐含着另外一面。在古希腊神话中,虽然传信是赫耳墨斯的职责所在,但他带来的消息并不一定总是明晰的,恰好相反,他所传达的神谕以晦涩著称。尤其是当公元2—3世纪后赫耳墨斯与埃及的托特神结合成至尊赫耳墨斯之后,赫耳墨斯更是成了神秘学的象征。医学家与工程学家希利斯就曾直言不讳地指出"弗朗西斯科·瓦雷拉是一个神秘主义者"。兰顿教授在惊叹瓦雷拉的诱人吸引力之余,又加了如此一番评价:"然而,一旦你离开那个房间,从他那无比迷人的魅力下解脱出来后,你就很难确切地理清他曾说过的内容。"美国生物学家马古利斯对此也深有同感:"我知道弗朗西斯科的一些研究工作,但是他经常说一些我根本就不懂的话……在辨别生命系统与工程或其他非生命系统之间的基本区别上,我很尊敬弗朗西斯科所起的作用,但是,我认为,他将他表达观点的方式弄得不清不楚。"澳大利亚麦考瑞大学哲学系贝恩教授则对瓦雷拉的神经现象学表示了困惑:"尽管瓦雷拉取得了某些进展,但是究竟何为神经现象学依旧令人难以理解。神经现象学家该做些什么?该怎样做?它又在何种程度上成为一种与众不同的研究计划？"

我们将这种特殊的思考与表达方式称为"瓦雷拉风格"。这大致主要是由以下三方面原因造成的：（1）瓦雷拉本人长期以来从事心智科学的跨学科研究，而不同学科内部从思维方式、研究范式与方法到表述方式均存在巨大的差异，甚至是相互抵触的。（2）著名心智哲学家丹尼特指出，瓦雷拉是心智科学领域内的革命家，而不是改良者，"他尽力想让传统上看待事物的方式显得一无是处"。（3）心智现象本身的复杂性、抽象性正如同神谕之玄奥。瓦雷拉曾感叹道："我尝试以新颖的方式探究事物，但任何事物都没有看似的那样简单，它们都是复杂的，也并不容易洞悉与表达。"

因此，我们完全可以将这种争议搁置在一边而来继续考察其影响。自瓦雷拉去世以来，《意识研究杂志》《认知科学趋势》《意识与认知》《人工生命》等学术期刊持续发表悼文、颂词与纪念性的文章。其中《现象学与认知科学》《生物学研究》与《控制论与人类认识杂志》相继出版纪念性特刊。2001年10月13日，由巴黎第五大学哲学家德普拉扎组织、法国国际哲学学院承办的"心智的本质：现象学哲学、神经生物学与精神传统的十字路口——瓦雷拉的纪念日"会议在巴黎召开。2004年6月18—20日，在著名的巴黎索邦大学黎塞留圆形剧场举办了规模更大的"从自创生到神经现象学：致弗朗西斯科·瓦雷拉"学术研讨会，来自数学、神经科学、免疫学、理论生物学、认知科学、哲学与社会科学领域内的学者汇聚一堂，在一种宽松的氛围下，以复杂系统的视角来探讨生命、心智与人类关系的根本原则。同年夏季，心智与生命研究院首次开设一年一度的"弗朗西斯科·瓦雷拉科研基金奖"（15000美元/人），用以资助资深科学家、青年科学家与佛教沉思学者在精神性与科学的前沿领域开展积极合作，迄今已有大量杰出的初级研究者获得资助。2005年，纪录片《蒙特格兰德：何谓生命》开播，影片记录了瓦雷拉对自己一生的反思及其家庭成员、前沿科学家、朋友和思想家对他的回忆。

3. 在当代跨学科领域内的反响

近年来，瓦雷拉思想中所孕育的赫耳墨斯式的渗透力正逐渐扩散、深化至心智科学内外其他的新兴学科领域与主题中，并呈现出左右逢源、水乳交融的新局面。首先，由瓦雷拉生前提出的具身心智与生成认知思想愈来愈为心智科学界所认同，从而间接地引爆了第二次认知革命。具身、生成已经与嵌入、延展并列为第二代认知科学的四大心智观并以摧枯拉朽之势撼摇着基于"计算机隐喻"的传统认知观念。而有关具身性与生成主义的观念也出现在诸多研究主题中，如教育中的认识论、学习、教学设计、半机械人与认知范围的设计等领域。其次，瓦雷拉的神经现象学方案不仅在应对意识"困难问题"的道路上引发了更多学者的关注，而且伴随镜像神经元的发现，以加莱塞为代表的神经科学家已将该方案的触角延伸至"交互主体性"领域内，并掀起了一股研究热潮。"心身问题与他心问题"这一对自笛卡儿时代而来的"世界之结"有望在统一于神经现象学的框架之内被渐次解开。近来，神经现象学的方案还被直接借鉴于开发具有超人类主义的脑机接口、激发学习潜能的沉思训练及精神分析实践。再次，瓦雷拉的自创生理论作为一种看待生命与心智复杂关系的认识论视角也被应用到更多学科领域,如传播媒介生态学、社会学与管理学。最后,从广义上而言,在心智科学时代的背景下,瓦雷拉的工作有效地沟通科学与人文,可以视为斯诺意义上的"第三种文化"之典范。

也许从赫耳墨斯神杖上缠绕的双蛇到作为其哲学符号的衔尾蛇,无不暗含了一种对瓦雷拉"自指"、追求完美与生命不息精神的诠释,也寓意了人类在追问心智何来道路上永恒更生、无限发展的循环模式。因此,正如心智哲学家汤普森在悼词中所说:

> 尽管弗朗西斯科去世了,尤其在他丰富多样的研究计划将要结出硕果时离去,这是一个不可估量的损失,但他独特且典范的研究风格从未如此强大,而这将在未来的岁月中继续激励我们。

(作者:陈　巍　徐　燕　郭本禹　李恒威)

参考资料

德弗里斯　生物突变论的创立者

[1] Charles Coulston Gillispie. Dictionary of Scientific Biography: vol.14[M]. New York: Charles Scribner's Sons, 1974.

[2] A. Blakeslee. Hugo de Vries (1848-1935)[J]. Science, 1935, 81 (14): 581-582.

[3] 厄恩斯特·迈尔. 生物学思想的发展:多样性、进化与遗传[M]. 刘珺珺,胡文耕,彭奕欣,等译. 长沙:湖南教育出版社,1990.

[4] 亨斯·斯多倍. 遗传学史:从史前期到孟德尔定律的重新发现[M]. 赵寿元,译. 上海:上海科学技术出版社,1981.

[5] G. E. 艾伦. 二十世纪的生命科学[M]. 谭茜,田铭,王云松,译. 北京:北京师范大学出版社,1985.

[6] H. 德弗里斯. 杂种的分离定律[J]. 张青棋,译. 科学技术与辩证法,1992,9(3): 52-55.

[7] Robert C. Olby. Origins of Mendelism[M]. London: Constable, 1966.

[8] 哈里特·朱克曼. 科学界的精英:美国的诺贝尔奖金获得者[M]. 周叶谦,冯世则,译. 北京:商务印书馆,1979.

埃尔利希　化学疗法的先驱

[1] Charles Coulston Gillispie. Dictionary of Scientific Biography: vol.4[M]. New York: Charles Scribner's Sons, 1971.

[2] Frederick H. Kasten. Paul Ehrlich: Pathfinder in Cell Biology[J]. Biotechnic & Histochemistry, 1996, 71 (1): 2-37.

[3] 赵匡华. 化学通史[M]. 北京: 高等教育出版社, 1990.

[4] P. 科勒德. 微生物学的发展[M]. 王龙华, 高小琪, 译. 北京: 科学出版社, 1985.

茨维特　色谱技术的创始人

[1] K. Sakodynskii. The Life and Scientific Works of Michael Tswett [J]. J. Chromatogr., 1972, 73 (2): 303-360.

[2] L. S. Ettre, C. Horvath. Foundations of Modern Liquid Chromatography [J]. Anal. Chem., 1975, 47 (4): 422A-446a.

[3] Leslie S. Ettre, Albert Zlatkis. 75 years of Chromatography: a historical dialogue [M]. Amsterdam: Elsevier Scientific Pub. Co., 1979.

[4] G. Svehla. Comprehensive Analytical Chemistry [M]. Amsterdam: Elsevier Scientific Pub. Co., 1980.

埃弗里　约克大道的奇才

[1] J. Lederberg. The Dawning of Molecular Genetics [J]. Trend in Microbiology, 2000, 8 (5): 194-195.

[2] Robert Austrian. Oswald T. Avery: The Wizard of York Avenue [J]. The American Journal of Medicine, 1999, 107 (1A): 7S-11S.

[3] Arnold Henry Eggerth. The History of the Hoagland Laboratory [M]. Brooklyn, N.Y.: [s.n.], 1960.

[4] René J. Dubos. The Professor, the Institute and DNA [M]. New York: The Rockefeller University Press, 1976.

[5] Colin MacLeod. Obituary Notice: Oswald Theodore Avery, 1877-1955 [J]. Journal of General Microbiology, 1957, 17 (2): 539-549.

[6] George W. Corner. A History of the Rockefeller Institute [M]. New York: The

Rockefeller Institute Press, 1965.

［7］Fulvio Bardossi. Oswald Avery and the Sugar-Coated Microbe［J］. The Rockefeller University Research Profiles, 1988, 31（Spring）: 1-4.

［8］M. R. Pollock. The Discovery of DNA: An Ironic Tale of Chance, Prejudice and Insight［J］. Journal of General Microbiology, 1970, 63（1）: 1-20.

［9］Peter Reichard. Oswald T. Avery and the Nobel Prize in Medicine［J］. Journal of Biological Chemistry, 2002, 277（16）: 13355-13362.

罗莎琳·萨斯曼·耶洛　放射免疫测定发明人

［1］R. S. Yalow. The Nobel Lectures in Immunology. The Nobel Prize for Physiology or Medicine, 1977 Awarded to Rosalyn S. Yalow［J］. Scand J Immunol, 1992, 35（1）: 1-23.

［2］Adolph Friedman. Remembrance: the Berson and Yalow Saga［J］. J Clin Endocrinol Metab, 2002, 87（5）: 1925-1928.

［3］Rosalyn S. Yalow, Solomon A. Berson. Assay of Plasma Insulin in Human Subjects by Immunological methods［J］. Nature, 1959, 184（Suppl 21）: 1648-1649.

［4］Stanley Blumenthal. The Insulin Immunoassay after 50 Years: a Reassessment［J］. Perspect Biol Med, 2009, 52（3）: 343-354.

梅里菲尔德　固相肽类合成的发明者

［1］Arthur M. Felix. A Brief Biography of Bruce Merrifield: His Life and Legacy［J］. Biopolymers, 2008, 90（3）: 158-161.

［2］Alexander R. Mitchell. Bruce Merrifield and Solid-Phase Peptide Synthesis: A Historical Assessment［J］. Biopolymers, 2008, 90（3）: 175-184.

[3] R. B. Merrifield. Solid Phase Peptide Synthesis. I. The Synthesis of a Tetrapeptide [J]. J Am Chem Soc,1963,85（14）: 2149-2154.
[4] R. B. Merrifield,J. M. Stewart. Automated Peptide Synthesis [J]. Nature,1965,207（996）: 522-523.
[5] Nicole Kresge,Robert D. Simoni,Robert L. Hill. The Solid Phase Synthesis of Ribonuclease A by Robert Bruce Merrifield [J]. J Biol Chem,2006,281（26）: e21-e23.

奈塞尔　认知心理学的伟大开拓者

[1] 万燕华. 认知心理学之父: 奈瑟 [J]. 大众心理学,2005（4）.
[2] 孙晓敏,张厚粲. 二十世纪一百位最著名的心理学家（Ⅰ）[J]. 心理科学,2003,26（2）.
[3] C. 詹姆斯·古德温. 现代心理学史: 第2版 [M]. 郭本禹,吕英军,司群英,等译. 北京: 中国人民大学出版社,2008.
[4] 李绍昆. 美国的心理学界 [M]. 北京: 商务印书馆,2000.
[5] Bernard J. Baars. The Cognitive Revolution in Psychology [M]. New York: The Guilford Press,1986.
[6] Duane P. Schultz,Sydney Ellen Schultz. A History of Modern Psychology（9th）[M]. California: Wadsworth Publishing Company,2007.
[7] Noel Sheehy. Fifty Key Thinkers in Psychology [M]. London: Routledge,2003.
[8] Ulric Neisser. Cognition and Reality: Principles and Implications of Cognitive Psychology [M]. San Francisco: Freeman,1976.

瓦雷拉　心智科学时代的赫耳墨斯

[1] S. 庞思奋. 哲学之树 [M]. 翟鹏霄,译. 桂林: 广西师范大学出版社,2005.

[2] E. R. John. In Memoriam. Francisco J. Varela (1946—2001) [J]. Journal of Consciousness Studies, 2001, 8 (8): 66-69.

[3] A. Palacios, J. Bacigalupo. Francisco Varela (1946—2001): Filling the Mind-Brain Gap: A Life Adventure [J]. Biological Research, 2003, 36 (1): 9-12.

[4] F.瓦雷拉,E.汤普森,E.罗施. 具身心智：认知科学和人类经验[M]. 李恒威,李恒熙,王球,等译. 杭州：浙江大学出版社,2010.

[5] Eugenio Rodriguez, Nathalie George, Jean-Philippe Lachaux, et al. Perception's Shadow: Long-distance Synchronization in the Human Brain [J]. Nature, 1999, 397: 430-433.

[6] Evan Thompson. Mind in Life: Biology, Phenomenology, and the Sciences of Mind [M]. Cambridge: Harvard University Press, 2007.

[7] 约翰·布罗克曼. 第三种文化：洞察世界的新途径[M]. 吕芳,译. 海口：海南出版社,2003.

[8] Eleanor Rosch. For Francisco Varela: Explorer of the Phenomenal World [J]. Biological Research, 2003, 36 (1): 13-15.

[9] N. Katherine Hayles. Unfinished Work: From Cyborg to Cognisphere [J]. Theory, Culture, & Society, 2006, 23 (7-8): 159-166.

[10] Kyrill A. Goosseff. Autopoeisis and Meaning: A Biological Approach to Bakhtin's Superaddressee [J]. Journal of Organizational Change Management, 2010, 23 (2): 145-151.

人名对照表

（按外文姓氏的首字母排序）

A

阿洛维——James Lionel Alloway

阿尔特霍夫——F. Althoff

安芬森——Christian Anfinsen

阿波兰特——Hugo Apolant

阿伦尼乌斯——Svante A. Arrhenius

奥斯特里恩——Robert Austrian

奥斯瓦尔德·西奥多·埃弗里
　　——Oswald Theodore Avery

B

巴尔斯——B. J. Baars

贝耶尔——Adolf von Baeyer

班廷——Frederick Grant Banting

贝特森——W. Batson

鲍尔——Hugo Bauer

贝恩——T. Bayne

贝林——Emil Adolf von Behring

贝哲林克——M. Beijerinck

本达——Louis L. Benda

伯格——Paul Berg

贝格曼——Max Bergmann

所罗门·亚伦·伯森
　　——Solomon Aaron Berson

贝特海姆——Alfred Bertheim

贝斯特——Charles Herbert Best

博尔代——Jules Bordet

波林——E. G. Boring

赫伯特·韦恩·伯耶
　　——Herbert Wayne Boyer

布伦尔——Anton Breinl

布里格——Ludwig Brieger

布鲁纳——J. Bruner

布赫纳——Hans Buchner

本生——R. W. Bunsen

C

卡尔皮诺——Lou Carpino

卡斯佩松——Torbjörn Oskar Caspersson

查默斯——D. Chalmers

查加夫——Erwin Chargaff

蔡斯——Martha Chase

斯坦利·诺曼·科恩
　　——Stanley Norman Cohen
费迪南德·科恩——Ferdinand Cohn
科恩海姆——Julius Cohnheim
鲁弗斯·艾沃里·科里
　　——Rufus Ivory Cole
格蒂·特里萨·科里
　　——Gerty Theresa Cori
科伦斯——C. Correns
科蒂尼奥——A. Coutinho
克里克——Francis Harry Compton Crick
库尔提乌斯——Theodor Curtius

D
道森——Michael Henry Dawson
约翰·迪安——John Dean
丹尼特——D. Dennett
德普拉　N. Depraz
德黑尔——C. Dhéré
多切兹——Alphonse Raymond Dochez
勒内·迪博——Rene Jules Dubos
杜恩——Max Dunn
邓恩——R. Dunn

E
保罗·埃尔利希——Paul Ehrlich

埃利恩——Gertrude Elion
埃林格尔——Alexander Ellinger
埃默森——S. Emerson

F
费米——Enrico Fermi
戴维·芬克尔斯坦
　　——David Finkelstein
费歇尔——Emil Fischer
弗莱克斯纳——Simon Flexner
弗雷里希斯——Friedrich von Frerichs
弗里克——F. Frick

G
加莱塞——V. Gallese
高尔顿——F. Galton
加塞特　José Ortega y Gasset
格哈特——Carl Gerhardt
吉布森——James Gibson
亨利·格莱特曼——Henry Gleitman
戈贝尔——Walther F. Goebel
莫里斯·戈德哈伯
　　——Maurice Goldhaber
格里菲斯——Frederick Griffith
格鲁贝尔——Max Gruber
吉耶曼——Roger Guillemin

古特——Bernd Gutte

古特曼——Paul Guttmann

H

哈马斯滕——Einar Hammarsten

海德格尔——Martin Heidegger

海德伯格——Michael Heidelberger

鲁道夫·海登海因
  ——Rudolf Heidenhain

海因——A. Hein

赫尔德——R. Held

赫恩斯坦——R. J. Herrnstein

赫尔希——Alfred Day Hershey

希利斯——W. Hillis

希姆斯沃思爵士
  ——Sir Harold Himsworth

赫斯曼——Ralph Franz Hirschmann

霍夫曼——Erich Hoffmann

霍夫迈斯特——W. Hofmeister

霍奇基斯——Rollin Douglas Hotchkiss

胡塞尔——Edmund Husserl

J

约翰逊——W. Johannsen

约翰——E. R. John

K

卡恩——D. Kahn

卡勒——Paul Karrer

考夫曼——S. Kauffman

凯库勒——F. A. Kekulé

科赫——Robert Koch

苛勒——Wolfgang Köhler

科恩伯格——Arthur Kornberg

科塞尔——Hermann Kossel

亚历山大·柯瓦雷——Alexandre Koyré

库恩——R. Kuhn

L

兰德斯坦纳——Karl Landsteiner

克里斯托弗·兰顿——C. Langton

劳本海默——August Laubenheimer

拉弗朗——C. A. Laveran

莱德伯格——Joshua Lederberg

莱德雷尔——E. Lederer

列文
  ——Phoebus Aaron Theodore Levene

利克莱德——J. C. R. Licklider

卢茨——A. Lutz

M

麦克劳德——Colin Munro MacLeod

马尔姆格伦——Berndt Malmgren
马古利斯——L. Margulis
马夸特——M. Marquardt
马歇尔——Garland Marshall
马丁内斯——M. Martinez
马斯洛——A. H. Maslow
温贝托·马图拉纳
　　——Humberto Maturana
麦卡蒂——Maclyn McCarty
梅达沃——Peter Brian Medawar
孟德尔——G. J. Mendel
罗伯特·布鲁斯·梅里菲尔德
　　——Robert Bruce Merrifield
米勒——G. Miller
艾尔弗雷德·埃兹拉·米尔斯基
　　——Alfred Ezra Mirsky
阿瑟·米尔斯基
　　——I. Arthur Mirsky
斯韦特兰娜·默伊索夫
　　——Svetlana Mojsov
摩尔根——T. Morgan
穆尔——Stanford Moore
默里——C. Murray

N
纳赫米亚斯——J. Nachmias
耐格里——K. Naegeli

阿尔伯特·奈塞尔——Albert Neisser
乌尔里克·奈塞尔——Ulric Neisser
诺伊费尔德——Fred Neufeld
纳托尔——George Nuttall

O
奥斯勒爵士——Sir William Osler
奥德曼斯——C. Oudemans

P
帕尔默——L. S. Palmer
庞思奋——S. Palmquist
博克森——B. Pêrksen
波洛克——Martin Rivers Pollock
波斯特曼——L. Postman
基思·波特——Keith Porter

Q
伊迪丝·昆比——Edith Quimby

R
赖卡德——Peter Reichard
莱因——J. B. Rhine
罗施——E. Rosch

伯纳德·洛斯维特
——Bernard Roswit
埃米尔·鲁——Émile Roux
鲁日奇卡——L. S. Ruzicka

约翰·斯图尔特——John Stewart
尤金·斯特劳斯——Eugene Straus
斯特蒂文特——A. H. Sturtevant
萨林格——W. Suringer

S

弗朗茨·萨克斯——Franz Sachs
朱里斯·冯·萨克斯
——Julius von Sachs
桑格——Frederick Sanger
沙利——Andrew Victor Schally
绍丁——Fritz Schaudinn
鲁道夫·舍恩海默
——Rudolf Schoenheimer
舒尔茨夫妇
——D. P. Schultz & S. E. Schultz
施瓦布——G. M. Schwab
费利克斯·施瓦茨曼
——Felix Schwartzman
奥利弗·塞尔弗里奇
——Oliver Selfridge
希伊——N. Sheehy
斯诺——C. Snow
弗朗西斯科·索莱尔——Francisco Soler
斯坦利——Wendell Meredith Stanley
斯坦——William Stein
特奥多尔·施特恩——Theodor Stern

T

马克斯-塔罗——T. Marks-Tarlow
特奥雷尔
——Axel Hugo Theodor Theorell
托马斯——H. W. Thomas
汤普森——E. Thompson
蒂塞利乌斯
——Arne Wilhelm Kaurin Tiselius
切尔马克——Erich von Tschermak
米哈伊尔·谢苗诺维奇·茨维特
——Michael Semenovich Tswett

V

弗朗西斯科·瓦雷拉
——Francisco Varela
胡安·比亚尔——Juan Vial
迪维尼奥——Vincent du Vigneaud
菲尔绍——Rudolf Virchow
雨果·德弗里斯——Hugo de Vries

W

威廉·瓦尔代尔——Wilhelm Waldeyer

汉斯·瓦拉赫——H. Wallach

瓦塞曼——August von Wassermann

沃森——James Dewey Watson

卡尔·魏格特——Karl Weigert

温伯格——Arthur von Weinberg

魏斯曼——August Weismann

怀特——Benjamin White

托尔斯滕·维泽尔——Torsten Wiesel

威尔金斯——Maurice Wilkins

维尔斯太特——R. Willstätter

伍利——Dilworth Woolley

赖特爵士——Sir Almroth Edward Wright

Y

罗莎琳·萨斯曼·耶洛
——Rosalyn Sussman Yalow

耶尔森——Alexandre Yersin

威廉·扬——William Young

Z

策希迈斯特——L. Zechmeister